Dimitrios Tsantidis

# Faszination Espressomaschine

Dimitrios Tsantidis

# Faszination Espressomaschine

FRANZIS

Bibliografische Information der Deutschen Bibliothek
Die Deutsche Bibliothek verzeichnet diese Publikation in der Deutschen Nationalbibliografie;
detaillierte Daten sind im Internet über http://dnb.ddb.de abrufbar.



Herausgeber: Ulrich Dorn
Satz & Layout: Phoenix publishing services GmbH
art & design: www.ideehoch2.de
Druck: Stürtz GmbH, 97017 Würzburg
Printed in Germany

ISBN 978-3-7723-7049-6

# INHALTSVERZEICHNIS

## Faszination Espressomaschine

# INHALTSVERZEICHNIS

# INHALTSVERZEICHNIS

# BILDNACHWEIS

**Vorwort**
*Kay Kaul courtesy Galerie Voss Düsseldorf*

**Kapitel 1**
*Ulli Steinmetz*
*Frank Fendler*
*Dimitrios Tsantidis*

**Kapitel 2**
*Fotolia, Michael Kempf*
*Frank Fendler*
*Dimitrios Tsantidis*

**Kapitel 3**
*Frank Fendler*
*Dimitrios Tsantidis*
*Mahlkönig*

**Kapitel 4**
*Frank Fendler*

**Kapitel 5**
*Frank Fendler*

**Kapitel 6**
*Dimitrios Tsantidis*
*Frank Fendler*
*Quick Mill*
*Rancilio*
*Vibiemme*
*Ulli Steinmetz*

**Kapitel 7**
*Frank Fendler*
*Dimitrios Tsantidis*

**Kapitel 8**
*Frank Fendler*

**Kapitel 9**
*Frank Fendler*

**Kapitel 10**
*Dimitrios Tsantidis*
*Frank Fendler*

**Kapitel 11**
*La Pavoni*
*La Marzocco*
*Faema*
*Cimbali*
*Bezzera*
*Victoria Arduino*
*Frank Fendler*

**Kapitel 12**
*La Pavoni*
*La Marzocco*
*Frank Fendler*
*Ulli Steinmetz*

**Kapitel 13**
*Ulli Steinmetz*

*Bazzar Caffè Düsseldorf – www.bazzar.de*

# VORWORT

Espresso – als Grundlage für Cappuccino, Caffè Latte und dekorativen Latte macchiato – hat die Kaffeekultur jenseits der Alpen in nur einem Jahrzehnt auf den Kopf gestellt. Der Anspruch der Kaffeeliebhaber ist gestiegen, und das Angebot an traditionellen Espressomaschinen und Kaffevollautomaten ist nahezu unüberschaubar geworden.

Noch gar nicht allzu lange ist es her, da es bei der Einladung zu einem Espresso hieß: „Expresso? Lieber nicht, sonst kann ich wieder nicht schlafen, und erst mein Magen.“ Die Bemerkung beschreibt treffend, wie es um das Wissen der meisten Menschen über den kleinen Schwarzen aus Italien noch bis Mitte der Neunziger bestellt war. Starbucks und Co. befanden sich gerade erst im Aufbruch, und in den meisten deutschen Haushalten standen Filtermaschinen, aus denen literweise mehr oder weniger wässriger Kaffee vor sich hin blubberte. Espresso war den meisten nur bekannt als kleiner, zu starker Kaffee, den man mit viel Wasser oder Milch strecken musste.

Die Zeit war reif für die tägliche Dosis Dolce Vita. Erste Fachgeschäfte für Espressomaschinen öffneten ihre Pforten für italophile Individualisten. In Düsseldorf ist es das Bazzar Caffè – Treffpunkt für Liebhaber mediterraner Kaffeekultur und Fachgeschäft für Espressomaschinen. Die chromglänzenden Boliden von La Pavoni, Gaggia, Vibiemme, Quick und Rancilio fanden schnell den Weg auch in private Haushalte. Die Saat ging auf.

Im Zuge dessen wurden und werden auch die Kaffeevollautomaten immer populärer.

Per Knopfdruck, so die Werbeversprechen der Hersteller, zu einem authentischen Espresso. Wahre Espressoliebhaber wissen es jedoch längst – ein Espresso, der so schmeckt wie in Italien, gelingt nur mit viel Erfahrung und einer traditionellen Siebträgermaschine.

Dieses Buch führt Sie mit viel Liebe zum Detail in die komplexe Welt der traditionellen und manuellen Espressozubereitung ein. Das Espressobuch für Menschen mit Leidenschaft für guten Caffè.

Mein Dank gilt meiner Familie, meinem Geschäftspartner und Mitstreiter Aydin Mikdat Kirici für die mir entgegengebrachte Geduld bei diesem Projekt, unserem Werkstattleiter Vladimir Bublis für die technische Unterstützung, den Fotografen Frank Fendler und Uli Steinmetz für die fantastischen Fotos, Toni Alsela für seine Latte Art und Ulrich Dorn, Motor und Herausgeber dieses Buchs.

Besonderer Dank an die Firmen La Pavoni, La Marzocco, Faema/Cimbali, Vibiemme und Bezzera für die Öffnung ihrer Archive und die tolle Unterstützung bei der Realisierung dieses Projekts.

Dimitrios Tsantidis,

Düsseldorf im Oktober 2008

*Ristretto, Caffè, Lungo …*

# ESPRESSO

*Annäherung an ein geheimnisvolles Getränk*

Espresso wird oft auch als Essenz des Kaffees bezeichnet, ein Auszug, der alle wünschenswerten Bestandteile in zwei Schlucken konzentriert. Und tatsächlich ist man beim Genuss eines perfekten Espresso geneigt, die Entfaltung des Aromas im Mund mit dem Genuss einer kostbaren Praline zu vergleichen. Ein kraftvolles, intensives Aroma ohne jegliche bittere oder säuerliche Nuancen mit einer seidigen, fast samtartigen Konsistenz am Gaumen und einem lang anhaltenden angenehmen Nachgeschmack. Eine genaue Definition des Begriffs „Espresso" ist gar nicht so einfach, denn er beschreibt sowohl eine besondere Art der Kaffeezubereitung als auch eine bestimmte Röstmethode des Kaffees.

# WAS IST EIN ESPRESSO?

Wir kennen heute den Espresso als kleines, konzentriertes Getränk, gekrönt von einer feinen Schaumschicht, der „Crema". Mittlerweile kümmert sich sogar ein 1998 eigens ins Leben gerufener Verband, das „Istituto Nazionale Espresso Italiano", um die exakte Definition. Demnach sind dies die technischen Grundvoraussetzungen für einen italienischen Espresso:

Wächter über den italienischen Espresso:
*www.espressoitaliano.org*

| | |
|---|---|
| Benötigte Menge an Kaffeemehl | 7g +/- 0,5g |
| Austrittstemperatur des Wassers aus der Brühgruppe | 88°C +/- 2°C |
| Temperatur des Getränks in der Tasse | 67°C +/- 3°C |
| Wasserdruck | 9 Bar +/- 1 Bar |
| Brühzeit | 25 Sek. +/- 2,5 Sek. |
| Viskosität bei 45°C | > 1,5 mPa s *(Wasser hat bei 20°C beispielsweise 1,0, bei 25°C 0,891 mPa s)* |
| Fettgehalt | > 2mg/ml |
| Koffeingehalt | 100mg/ Tasse |
| Füllmenge (inklusive Schaum) | 25ml +/- 2,5ml |

Die inflationäre Benutzung des Begriffs für zahllose Kaffeevarianten und angebliche Espressogetränke hat die Entstehung dieses Instituts überhaupt erst nötig gemacht. Die sehr strikte und technische Definition lässt erahnen, wie diffizil die Zubereitung eines wirklich guten Espresso sein kann.

Doch schauen wir uns die primäre Zusammensetzung des Getränks etwas genauer an: Ein verdächtiger Wert der Definition ist die hohe Viskosität und der Fettgehalt, denn Espresso besteht aus gelösten, emulgierten und suspendierten Bestandteilen.

Die gelösten Stoffe bestehen aus Säuren, Koffein, Zucker und Proteinen, die emulgierten Stoffe aus Ölen und Kolloiden, die Suspension wiederum besteht aus winzigen Bestandteilen wie Kaffeefasern, -zellen und feinen Gasbläschen. Die besondere Zubereitungsart in einer Espressomaschine ermöglicht überhaupt erst die Herauslösung bestimmter Stoffe aus dem Kaffeemehl, die bei anderen Zubereitungsmethoden nicht möglich ist.

## ESPRESSO IST EINE LÖSUNG

*Da wasserlösliche Bestandteile wie Säuren, das Koffein, Zucker und Proteine in das Getränk übergehen.*

## ESPRESSO IST EINE EMULSION

*Da wasserunlösliche Bestandteile wie die Öle und Kolloide trotzdem durch Druck und Temperatur mit dem Wasser vermischt, also emulgiert werden.*

## ESPRESSO IST EINE SUSPENSION

*Da feine Pflanzenfasern und Zellen in das Getränk übergehen.*

Das Wort Espresso kommt vom italienischen „caffè-espresso“, das schon um 1880 Verwendung fand, lange bevor es Espressomaschinen gab. Es bezeichnet nicht etwa in erster Linie einen „schnell“ zubereiteten Kaffee, sondern beschreibt vielmehr einen Kaffee, der speziell und ausdrücklich (ital. espressivo) für den Gast frisch zubereitet wurde. In der italienischen Bar bestellt der Gast heute einfach einen „Caffè“.

Die Aromen des Kaffees werden erst beim Mahlen der gerösteten Bohnen freigesetzt, und zwar u. a. in Form von ätherischen Ölen. Die Espressomethode ist als einzige Kaffeezubereitungsmethode in der Lage, ca. 90 % dieser Öle aus dem Kaffeemehl herauszulösen. Dies ist auch ein Grund dafür, dass der Geschmack eines Espresso um ein Vielfaches intensiver wahrgenommen wird als z. B. beim Filterkaffee.

**Espresso enthält bis zu 90% der Aromen des Kaffees**

*Durch den hohen Druck und die optimale Temperatur werden mehr ätherische Öle gelöst als bei jeder anderen Zubereitungsmethode.*

**Espresso enthält weniger Gerbsäure und Bitterstoffe und bis zu 40% weniger Koffein als normaler Filterkaffee**

*Durch die kurze Kontaktzeit des Wassers werden weniger unerwünschte Stoffe herausgelöst.*

Jeder kennt das Phänomen, dass mit Sahne zubereitete Speisen und Getränke voller schmecken als solche mit wenig Fettgehalt. Das kommt daher, dass die Fettmoleküle tiefer in die Rezeptoren auf der Zunge eindringen und so das Geschmackserlebnis intensivieren. Trotz des starken Geschmacks enthält Espresso erstaunlicherweise ca. 40 % weniger Koffein als eine normale Tasse Filterkaffee.

Koffein ist ein in der Bohne enthaltenes Alkaloid, das etwas schwerer löslich ist als andere Bestandteile. Durch die kurze Extraktionszeit werden dem Kaffeemehl neben weniger Koffein auch weniger Bitterstoffe und Gerbsäure entzogen, was auch seine ausgezeichnete Bekömmlichkeit erklärt. Ein guter Espresso kann ohne Weiteres abends nach einem guten Essen getrunken werden, ohne dass die schlafraubende Wirkung des Koffeins zu fürchten ist.

Für gute Sorten werden zudem überwiegend Arabica-Bohnen verwendet, die, im Gegensatz zu Robusta-Bohnen mit bis zu 4 %, nur ca. 1 bis 1,5 % Koffein enthalten. Auf das Thema Arabica und Robusta wird an anderer Stelle noch einmal ausführlich eingegangen.

Die Heimat und Wiege des Espresso ist Italien, wo man zu Beginn des letzten Jahrhunderts zunehmend bestrebt war, Kaffee so frisch wie möglich zuzubereiten. Der damals gelegte technische Grundstein wurde immer weiter verfeinert und perfektioniert, sodass heute selbst vollautomatische Kaffeemaschinen in der Lage sind, einen ganz passabel aussehenden Espresso zuzubereiten. Von einem wirklich guten, einem perfekten Espresso sind sie jedoch meilenweit entfernt. Einen der wichtigsten Parameter erfüllen die meisten Kaffeevollautomaten eben nicht: die optimale Temperatur.

## DIE 4 MAGISCHEN „M“

Wer sich schon einmal mit der manuellen Zubereitung von Espresso auseinandergesetzt hat, wird den 4 magischen „M“ sicherlich schon einmal über den Weg gelaufen sein:

1. **MISCELA** *die Kaffeemischung*

2. **MACINACAFFÈ** *die Mühle*

3. **MACCHINA** *die Maschine*

4. **MANO** *die Hand (der Mensch)*

Diese vier Punkte sind der traditionelle Versuch, die doch sehr komplexe Zubereitung eines guten Espresso auf die entscheidenden Faktoren zu reduzieren. Allerdings wird sich sehr schnell zeigen, dass noch weit mehr Faktoren eine nicht unerhebliche Rolle spielen. Zum leichteren Einstieg sind diese vier Punkte jedoch recht nützlich, um die Grundzusammenhänge zu verstehen.

## MISCELA - DIE KAFFEMISCHUNG

Die verwendete Kaffeemischung ist in der Tat logischerweise der Ausgangspunkt und der erste maßgebliche Faktor bei der Espressozubereitung, ist sie doch der zuzubereitende Rohstoff. Die Bohnen sollten frisch, am besten erst einige Tage nach der Röstung, zubereitet werden. Der Anteil an Robusta-Bohnen bestimmt die Fähigkeit der Cremabildung nicht unerheblich. Sie sollte allerdings nicht das Maß aller Dinge sein. Ein ausgewogener und harmonischer Geschmack ist viel wichtiger als eine fingerdicke, aber inkonsistente Crema mit einem erdigen Nachgeschmack. Das typisch italienische Mischungsverhältnis der Anteile Arabica/Robusta bewegt sich zwischen 50/50 und 80/20. Aber auch mit reinen Arabicas lässt sich mit etwas Übung eine vorzügliche Crema zaubern.

## MACINACAFFÈ

Es verwundert vielleicht, dass die Mühle in der Wichtigkeit einen Platz noch vor der Maschine einnimmt. Wir wissen bereits, dass die Aromen des Kaffees leicht flüchtig sind und bald nach der Mahlung schon deutlich abnehmen. Doch die Mühle bestimmt einen weiteren der wichtigsten Faktoren bei der Espressozubereitung überhaupt: den Mahlgrad. Daher wird in einem eigenen Kapitel näher auf die Mühle und den Mahlgrad eingegangen.

## MACCHINA

Die Espressomaschine ist der Dreh- und Angelpunkt: Sie sorgt für die richtige Temperatur des Wassers und befördert es durch das Kaffeemehl. Sie sollte in der Lage sein, den nötigen Druck von mindestens 9 Bar direkt auf dem Kaffeemehl aufzubauen und aus langlebigen Materialien gefertigt sein. Die dabei zugrunde liegenden technischen Konzepte werden ebenfalls separat im weiteren Verlauf des Buchs ausführlich behandelt.

## MANO

Der Mensch spielt natürlich ebenfalls eine zentrale Rolle, schließlich geht es um die manuelle Zubereitung eines Espresso. Er ist dafür verantwortlich, die einzelnen Komponenten optimal aufeinander abzustimmen und die Arbeitsgeräte zu pflegen.

Bei dieser groben Unterteilung fehlen allerdings noch einige wichtige Punkte, die in der folgenden Grafik detailliert dargestellt werden.

# FAKTOREN BEI DER ESPRESSOZUBEREITUNG

*Frisch gemahlener Kaffee enthält noch alle Aromen.*

FRISCHE

*Arabica hat den feineren Geschmack, enthält weniger Koffein und Bitterstoffe.*

ARABICA-ANTEIL

*Robusta ist eher holzig, erdig, hat mehr Koffein und Bitterstoffe, ergibt aber eine voluminösere Crema.*

ROBUSTA-ANTEIL

**KAFFEE-MISCHUNG**

## MENSCH

*Die Faktoren auf dieser Seite werden maßgeblich durch den Bediener bestimmt.*

**WASSER-QUALITÄT**

*Der pH-Wert des Wassers sollte im Bereich von 7 liegen.*

PH-WERT

*Die Karbonathärte sollte bei ca. 8°dH liegen.*

HÄRTE

*Eher fein als grob, muss ermittelt werden.*

**MAHLGRAD**

**DOSIERUNG**

*Pro Portion ca. 6-7 g*

**DRUCK**

**ANPRESS-DRUCK**

*Der Druck beim Anpressen des Kaffeemehls sollte ca. 15 kg betragen.*

## MASCHINE

*Die Faktoren auf dieser Seite werden maßgeblich durch das Equipment bestimmt.*

**WASSER-TEMPERATUR**

*Die Brühtemperatur sollte 90-96°C betragen.*

# DIE SACHE MIT DEM DRUCK

Der Druck, mit dem das Wasser durch das Kaffeemehl gepresst wird, ist für die Espressozubereitung von immenser Bedeutung. Leider werden oft Espressomaschinen mit der maximalen Leistungsfähigkeit der eingebauten Pumpe als hinreichendes Kaufargument beworben: 15 oder gar 18 Bar Pumpendruck steht gleichbedeutend für gute Qualität. Das suggeriert eine ausschließliche Abhängigkeit des Espressoergebnisses von der Fähigkeit der Pumpe, einen Druck von 15 Bar aufzubauen und dann das Wasser mit diesem Druck durch das Kaffeemehl zu „schießen". Wäre dies der Fall und würde man dann einfach Wasser aus dem Brühkopf laufen lassen, hätte man ein schönes Malheur in der Küche.

In der Definition eines „perfekten" Espresso wird jedoch ein Druck von nur 9 Bar angegeben, warum dann also plötzlich 15 oder 18 Bar? Wie bei so vielen Dingen ist auch bei dem Druck der goldene Mittelweg der richtige: Zu viel Druck entzieht dem Kaffee zu viele Bitterstoffe, zu wenig Druck löst aus ihm nicht die volle Menge an ätherischen Ölen.

Bei Rotationspumpen in Gastronomiegeräten wird der Druck fest auf ca. 9 bis 10 Bar justiert. Bei Haushaltsmaschinen baut die eingebaute Vibrationspumpe den nötigen Druck durch den Widerstand des Kaffeemehls im Siebträger auf. Der Widerstand des Kaffeemehls wird wiederum in erster Linie durch den Mahlgrad bestimmt: Je feiner das Kaffeemehl gemahlen wird, desto kleiner sind die einzelnen Kaffeepartikel, und desto dichter können sie sich aneinandersetzen. Je dichter die Kaffeepartikel aneinanderliegen, desto kleiner sind die Zwischenräume, durch die das Wasser hindurchfließen kann und somit zurückgestaut wird.

Die Pumpe arbeitet nun gegen das zurückstauende Wasser an, bis sie den Gegendruck überwinden kann und das Wasser hindurchfließt. Daraus erschließt sich ebenfalls, dass auch die Dosierung des Pulvers eine Rolle spielt, denn je mehr Kaffeepartikel überwunden werden müssen, desto höher steigt der Druck.

Der Anpressdruck oder überhaupt das Anpressen oder „Tampen" sorgt dafür, dass das Kaffeemehl im Siebträger eine homogene Widerstandsfläche aufbauen kann. Ungleichmäßig verteiltes oder nicht festgepresstes Kaffeemehl bewirkt, dass die Dicke des Kaffeekuchens variiert und somit weniger Widerstand bietet, denn das Wasser wird sich immer den Weg des geringsten Widerstands suchen.

Je mehr Druck aufgebaut werden muss, desto langsamer bahnt sich das Wasser seinen Weg durch das Kaffeemehl. Die Durchflussgeschwindigkeit wird also reduziert, wodurch sich letztendlich die Extraktionszeit verlängert. Dieser Umstand begünstigt wiederum eine erhöhte Herauslösung von unerwünschten Bitterstoffen und Gerbsäuren. Die nachfolgende Grafik verdeutlicht die hier erläuterten Zusammenhänge bei der Espressozubereitung.

# WICHTIGE ZUSAMMENHÄNGE BEI DER ESPRESSOZUBEREITUNG

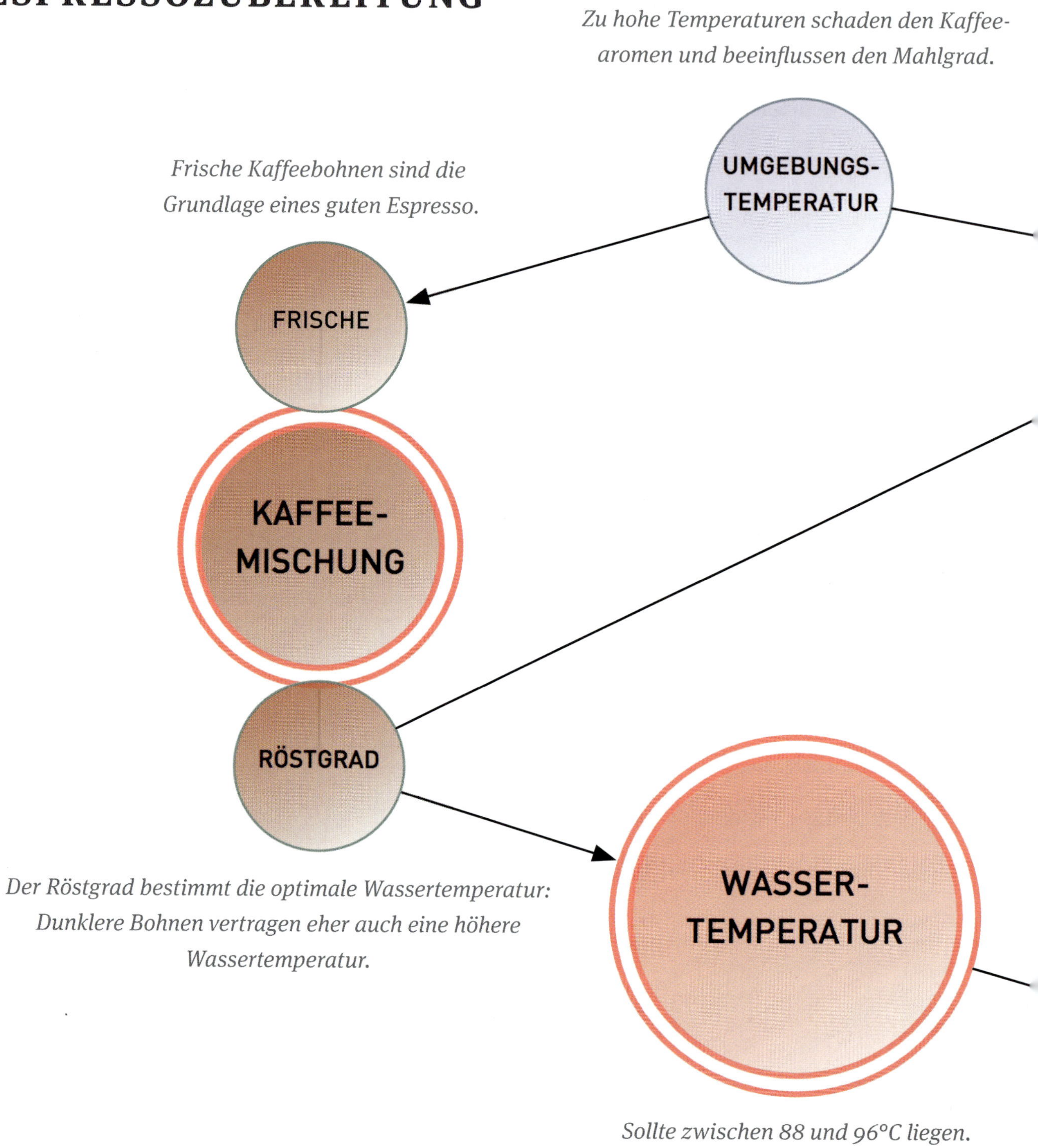

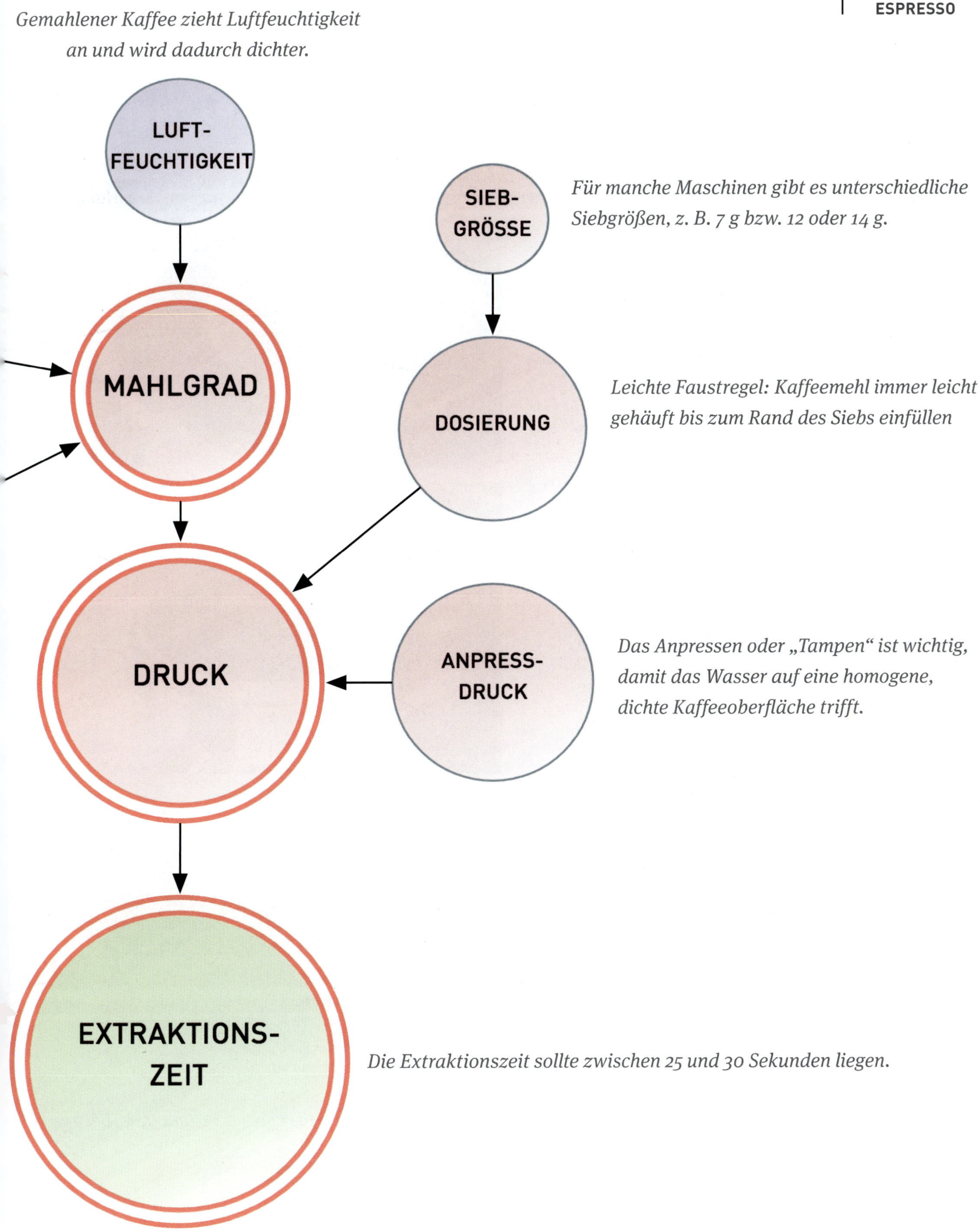
Gemahlener Kaffee zieht Luftfeuchtigkeit an und wird dadurch dichter.
LUFT-FEUCHTIGKEIT
SIEB-GRÖSSE
Für manche Maschinen gibt es unterschiedliche Siebgrößen, z. B. 7 g bzw. 12 oder 14 g.
MAHLGRAD
DOSIERUNG
Leichte Faustregel: Kaffeemehl immer leicht gehäuft bis zum Rand des Siebs einfüllen
DRUCK
ANPRESS-DRUCK
Das Anpressen oder „Tampen“ ist wichtig, damit das Wasser auf eine homogene, dichte Kaffeeoberfläche trifft.
EXTRAKTIONS-ZEIT
Die Extraktionszeit sollte zwischen 25 und 30 Sekunden liegen.

## LUFTFEUCHTIGKEIT

Kaffee ist hygroskopisch, d. h., er zieht Feuchtigkeit aus der Umgebung an und bindet sie. Das gilt zwar verstärkt für bereits gemahlenes Kaffeemehl, allerdings saugen auch die Bohnen bereits Wasser aus der Umgebungsluft an. Es kann also auch an der veränderten Luftfeuchtigkeit liegen, wenn die Mahlung angepasst werden muss.

## DOSIERUNG UND SIEBGRÖSSE

Die Dosierung sollte 6,5 g pro Portion nicht unterschreiten. Die Siebeinsätze sind für die jeweiligen Portionen so geformt, dass das Brühkopfsieb nicht direkt auf der festgedrückten Kaffeeoberfläche aufsetzt. Sonst kann sich das herausströmende Wasser in diesem Zwischenraum bewegen und so die Oberfläche aufwühlen. Eine gleichmäßige Durchdringung des Kaffeemehls wäre so nicht gewährleistet.

DOPPELSIEBE IM VERGLEICH
*links 12-g-, rechts 14-g- Siebeinsatz*

Bei übermäßiger Dosierung lässt sich hingegen der Siebträger nur schwer einspannen, da das Brühkopfsieb nicht tief genug in den Siebträger eingelassen werden kann und so der Bajonettverschluss nicht richtig greift. Die Dosierung lässt sich natürlich mit einem Messlöffel vornehmen, der fast jeder Siebträgermaschine beiliegt. Gerade aber wenn Portionsmühlen verwendet werden, die direkt in den Siebträger mahlen, ist dies nicht besonders praktikabel.

Eine einfache Faustregel ist daher, den Siebeinsatz bis zum Rand gleichmäßig locker mit Kaffeemehl zu befüllen. Das anschließende Anpressen sorgt für den nötigen Abstand der Kaffeefläche zum oberen Rand. Es soll auch Perfektionisten geben, die zu Hause jede einzelne Kaffeeportion mit einer Digitalwaage abmessen. Es ist zwar ratsam, am Anfang die Portionen nachzumessen, um ein Gefühl für die richtige Dosierung zu bekommen, allerdings kann zu viel Perfektionismus eine schöne Zeremonie auch zunichte machen.

Für Maschinen mit professionellem Brühkopf gibt es Siebeinsätze mit unterschiedlichen Füllmengen – für eine Portion beispielsweise mit 6 oder 7 g, für die Doppelportion mit entsprechend 12 oder 14 g Füllmenge. Es hängt vom persönlichen Geschmack ab, für welche Größe man sich entscheidet und wie kräftig der Espresso werden soll.

## RÖSTGRAD

Die Kaffeemischung ist wie bereits erwähnt der grundlegende Rohstoff und demnach einer der wichtigsten Faktoren. Sowohl die Kaffeemischung aus Arabica und Robusta-Bohnen als auch der Röstgrad beeinflussen oder bestimmen weitere Faktoren der Espressozubereitung. So ist beispielsweise die Wassertemperatur in Abhängigkeit vom Röstgrad der verwendeten Bohne zu bestimmen: Empfindlichere und heller geröstete Kaffees verbrennen bei zu hohen Temperaturen. Je dunkler und damit länger eine Bohne geröstet wird, desto höhere Temperaturen verträgt sie auch bei der Zubereitung bzw. verlangt diese sogar.

In Italien gibt es, auch was den bevorzugten Röstgrad der Bohne angeht, das sogenannte Nord-Süd-Gefälle. Regionale Röstereien aus der Umgebung von Neapel beispielsweise produzieren fast ausschließlich sehr dunkle, ölige Kaffeemischungen, die mit den dort noch weit verbreiteten Spannfederkolbenmaschinen und deren bauartbedingt hohen Brühtemperaturen bestens zurechtkommen. Ein heller gerösteter Kaffee aus Mailand würde in solchen Maschinen schlicht verbrennen.

Der Röstgrad bestimmt aber auch, wie sich die Bohne beim Mahlen verhält: Matte, hell geröstete Kaffees neigen bei gleicher Mahlgradeinstellung eher zu gröberen Ergebnissen als dunkle und ölige Sorten.

## UMGEBUNGSTEMPERATUR

Die Umgebungstemperatur kann sich sowohl auf die Frische der Kaffeebohnen als auch auf den Mahlgrad negativ auswirken. Zu hohe Temperaturen lassen die Bohnen schneller oxidieren und ranzig werden. Daher sollten Mahlwerke auch grundsätzlich nicht in das Maschinengehäuse integriert werden, da die abstrahlende Wärme die im Behälter gelagerten Bohnen in kürzester Zeit unbrauchbar macht. Auch beim Mahlen der Bohnen ist darauf zu achten, dass der Kaffee nicht zu stark erhitzt wird. Kleineren Mühlen sollte deshalb nicht allzu viel zugemutet werden, da sich die kleineren Mahlscheiben wesentlich schneller erhitzen.

## ANPRESSDRUCK

Das Anpressen, oder englisch auch „Tampen", des Kaffeemehls hat eine oft unterschätzte Auswirkung auf das Espressoergebnis. Es verdichtet das in den Siebeinsatz eingefüllte Kaffeemehl und sorgt für eine ebene Kaffeefläche, auf der das Brühkopfsieb aufliegen kann. Der Durchmesser der Tamperfläche sollte möglichst exakt den Siebeinsatz ausfüllen, sonst bleiben beim Andrücken am Rand Kaffeereste hängen. Im Kapitel „Die kleine Barista-Schule" wird das richtige Tampen eingehend erläutert.

## EXTRAKTIONSZEIT

Die Extraktionszeit beschreibt die Dauer, die das Wasser zum Durchlaufen durch das Kaffeemehl benötigt, um ca. 25 ml Espresso zuzubereiten – also um eine typische Espressotasse etwa zur Hälfte zu befüllen. Wenn man die vorgegebene optimale Extraktionszeit von 25 bis 30 Sekunden berücksichtigt, sind das ca. 1 ml pro Sekunde. Das bedeutet allerdings nicht, dass bei jedem Espresso mit der Stoppuhr nachgemessen werden sollte, dieser Wert ist vielmehr als Richtwert zu verstehen. Die optimale Fließgeschwindigkeit eines guten Espresso gleicht dem gleichmäßigen Fluss von Honig – langsam und sämig, ohne abzureißen und ohne in die Tasse zu schießen.

Eine Unterextraktion des Kaffeemehls bedeutet einen Verlust an Aromastoffen und Ölen. Das Wasser fließt viel zu schnell durch das Kaffeemehl, die Crema ist hell und dünn, der Geschmack flach und ohne Körper.

Eine Überextraktion dagegen löst aus dem Kaffeemehl zu viele unerwünschte Stoffe, darunter vermehrt Bitterstoffe, Gerbsäure und auch Koffein. Die Crema ist dunkelbraun und sieht verbrannt aus, der Geschmack ist zu kräftig und bitter.

Nach der Theorie nun die Praxis: Schritt für Schritt nähern wir uns dem perfekten Espresso.

# UNTEREXTRAHIERTER ESPRESSO

Der unterextrahierte Espresso hat nur eine dünne, viel zu helle Crema mit großen Bläschen. Der Geschmack ist flach, dem Espresso fehlt die seidige Konsistenz. Schuld ist zu grob gemahlener Kaffee. Schon während des Mahlvorgangs erkennt man, ob der Mahlgrad zu grob sein wird: Das Kaffeemehl fällt recht schnell aus dem Auswurf der Mühle, es sind nur sehr wenige Klümpchen oder Kügelchen zu sehen. Das Kaffeemehl fühlt sich recht grobkörnig an, wenn man es zwischen den Fingern verreibt.

Die Durchflussgeschwindigkeit ist bei zu grobem Mahlgrad viel zu schnell, bereits nach ca. 12 Sekunden ist das Glas gefüllt. Das Wasser hat gar nicht genug Zeit, die Aromastoffe aus dem Kaffeemehl zu lösen, der Espresso wird unterextrahiert.

# ÜBEREXTRAHIERTER ESPRESSO

Der überextrahierte Espresso hat eine dunkelbraune bis rötliche Crema. Die Zeichnung ist auffällig ungleichmäßig, helle Flecken finden sich zwischen dunkleren Bereichen. Der Geschmack ist sehr kräftig mit einer bitteren Note. Hier war der Mahlgrad zu fein, was sich bereits während des Mahlvorgangs erkennen lässt. Das Kaffeemehl fällt eher langsam aus dem Auswurf der Mühle, teilweise in größeren Brocken oder Klumpen. Das Kaffeemehl fühlt sich sehr fein an, wenn man es zwischen den Fingern verreibt.

8“

12“

16“

18“

22“

28“

Die Durchflussgeschwindigkeit ist bei zu feinem Mahlgrad zu langsam, die ersten Tropfen sind überhaupt erst nach ca. 8 Sekunden zu sehen. Der Fluss bricht immer wieder ab, der Espresso tröpfelt langsam heraus. Nach einer gewissen Zeit stabilisiert sich der Fluss zwar etwas, dennoch wird die empfohlene Extraktionszeit weit überschritten. Allerdings – für einen kurzen kräftigen Ristretto sind 28 Sekunden noch akzeptabel.

36“

# OPTIMALER ESPRESSO

Der optimale Espresso hat eine haselnussbraune, dichte Crema mit leichter Marmorierung. Er zeichnet sich durch eine samtige Konsistenz aus, das Aroma ist voll und mit ausgeprägtem Körper. Bittere Nuancen sind nicht zu schmecken. Die Mahlung lässt sich auch hier direkt kontrollieren. Das Kaffeemehl klumpt beim Herausfallen nicht zu stark, es bilden sich kleinere bis mittlere Kügelchen, die sich aber beim Herabfallen wieder verteilen. Das Kaffeemehl fühlt sich fein an.

4“

6“

8“

12“

16“

20“

Der optimale Espresso lässt sich am Anfang etwas mehr Zeit, bis er aus dem Auslauf tritt. Ein anfangs dünner, kontinuierlicher Strahl gewinnt etwas mehr an Dicke. Der Fluss reißt nicht ab und wird auch nicht übermäßig beschleunigt. Die Durchlaufzeit beträgt ca. 25 Sekunden.

25“

## URSACHE UND WIRKUNG

*auf einen Blick*

### OPTIMALE BEDINGUNGEN

- Brühdruck 9-12 Bar
    - Mahlgrad nicht zu fein, nicht zu grob
    - Dosierung 6-7 g
    - gleichmäßige Verteilung des Mehls im Siebträger
    - Anpressdruck ca. 15 kg
    - Anpressen gleichmäßig, gerade von oben
- Wassertemperatur ca. 93°C
- Siebträger heiß
- Brühkopf heiß
- Bohnen frisch
- Kaffeemehl frisch gemahlen

## UNTEREXTRAHIERT

### MÖGLICHE URSACHEN

- Brühdruck unter 9 Bar
  - Mahlgrad zu grob
  - Dosierung zu niedrig
  - Mehl ungleichmäßig verteilt
  - Anpressdruck zu leicht
  - Anpressen ungleichmäßig
- Wassertemperatur zu niedrig
- Bohnen nicht frisch
- Kaffeemehl nicht frisch
- Brühkopf zu kalt
- Siebträger zu kalt
- Brühkopfdichtung verschlissen

## ÜBEREXTRAHIERT

### MÖGLICHE URSACHEN

- Brühdruck über 12 Bar
  - Mahlgrad zu fein
  - Dosierung zu hoch
  - Anpressdruck zu kräftig
- Wassertemperatur zu hoch
- Kaffeemehl vor der Zubereitung zu lange im Brühkopf eingespannt

# WASSER-
# QUALITÄT

Vielen Teetrinkern ist die Bedeutung der Wasserqualität bereits bewusst, sicherlich auch durch den unschönen Film, der sich auf ihrem Getränk bildet, wenn das Wasser zu hart ist. Beim Espresso ist dieser Einfluss nicht so plastisch abzulesen, deswegen aber leider nicht minder bedeutsam.

# WASSER

Wasser ist nach dem verwendeten Kaffee der wichtigste Bestandteil eines Espresso, die gelösten Stoffe aus dem Kaffeemehl machen schließlich nur ca. 1 % des tatsächlichen Getränks aus. Die entsprechende Vorbehandlung dieses Grundstoffs sollte daher gewissenhaft erfolgen, denn nicht nur der Geschmack, sondern auch die Lebensdauer der Espressomaschine hängt eng mit der verwendeten Wasserqualität zusammen.

Die Menge und Zusammensetzung der im Trinkwasser gelösten Salze und Mineralien bestimmen nicht nur die Gesamthärte des Wassers, sondern auch dessen pH-Wert, und variieren bekanntermaßen erheblich je nach Bezugsgebiet. Es ist also ratsam, sich zunächst bei den zuständigen Stadtwerken nach der Zusammensetzung des eigenen Wassers zu erkundigen.

# WASSERHÄRTE

Bei der Wasserhärte wird zwischen der permanenten und der temporären Härte unterschieden, beide zusammen ergeben die Gesamthärte des Wassers, die Einheit hierfür ist °dH.

Die permanente Härte beschreibt den Anteil an nicht oder nur sehr schwer löslichen Bestandteilen des Wassers wie Chloriden und Sulfaten. Sie spielt für die Espressozubereitung eine zu vernachlässigende Rolle, auch bilden diese Stoffe kleine Ablagerungen in der Maschine.

Die temporäre Härte oder auch Carbonathärte jedoch beschreibt die Konzentration von Hydrogencarbonat ($HCO_3$), also im Prinzip den Gehalt von Calcium- und Magnesiumionen im Wasser. Diese Bestandteile werden beim Erhitzen des Wassers durch den Abbau von Kohlensäure gelöst und bilden den sogenannten Kesselstein (Calcit und Dolomit), der sich in der Maschine absetzt.

Seit Mai 2007 gilt eine neue Unterteilung der Härtebereiche von Trinkwasser:

| Härte-bereich | Millimol – Gesamthärte je Liter | °dH |
|---|---|---|
| weich | weniger als 1,5 | weniger als 8,4 °dH |
| mittel | 1,5 bis 2,5 | 8,4 bis 14 °dH |
| hart | mehr als 2,5 | mehr als 14 °dH |

## pH-WERT

Die Wasserhärte hängt auch mit dem pH-Wert des Wassers zusammen. Eine niedrige Wasserhärte verschiebt den pH-Wert in den sauren Bereich. Dadurch werden im Kaffeemehl enthaltene Säuren betont, was gerade bei helleren Kaffeeröstungen und säurebetonten Arabica-Sorten unangenehm auffallen kann. Außerdem können durch zu weiches Wasser die Materialien im Inneren der Maschine angegriffen und sogar zerfressen werden. Härteres Wasser hat einen eher basischen pH-Wert, kann dadurch aber auch die feinen Fruchtsäuren bestimmter Kaffeesorten neutralisieren, der Espresso schmeckt flach.

# FEIND JEDER MASCHINE: KESSELSTEIN

Jeder kennt ihn, den herbeigerufenen Waschmaschinentechniker aus der Fernsehwerbung, der vorwurfsvoll einen völlig verkalkten Heizstab aus der Maschine zieht und gleichzeitig auf die schmerzhaften, aber eigentlich vermeidbaren Reparaturkosten hinweist. Auch Espressomaschinen sind leider empfänglich für Kalkablagerungen, und auch bei ihnen sind die Reparaturkosten meist nicht unerheblich.

Die Ablagerungen bilden, vornehmlich an Heizstäben, mit der Zeit eine isolierende Schicht, wodurch zunächst der Energieverbrauch steigt, denn die Heizung braucht bei gleicher Leistung länger, um das Wasser zu erhitzen. Wenn die Schicht dicker wird, hört die Heizung gar nicht mehr auf zu heizen und platzt.

Aber auch der Kessel selbst und alle wasserführenden Leitungen sind gefährdet, Kunststoffteile werden porös und können undicht werden. Kesselsteinablagerungen können sehr aggressiv sein und sich selbst durch Lötstellen am Kessel fressen und diesen auf diese Weise undicht machen.

Eine regelmäßige Entfernung dieser Ablagerungen ist somit für die Lebensdauer einer Maschine entscheidend und keinesfalls zu vernachlässigen. Vorbeugend kann je nach ermittelter Wasserhärte durch verschiedene Filtersysteme die Carbonathärte reduziert werden. Dennoch sollte die Entkalkung regelmäßig stattfinden, um jedwede Ablagerung von Kalk zu vermeiden.

Oben: eine Auswahl defekter Heizstäbe, links im Bild ein neuer Heizstab.
Unten links: massiv verkalkter Heizstab mit verfärbten Entkalkerresten.
Unten rechts: Kalk frisst sich durch Lötstellen am Kessel, auch hier mit Resten von der vergeblichen Entkalkung.

# LEITUNGSWASSER oder MINERALWASSER?

Oft wird die Frage gestellt, ob es bei hartem Leitungswasser prinzipiell nicht besser wäre, abgefülltes stilles Wasser zu verwenden. Leider lässt sich diese Frage nicht ohne Weiteres beantworten, da die Zusammensetzung der Mineralwässer sehr stark variiert: Die meisten Mineralwässer sind jedoch als hart bis sehr hart einzustufen. Einige wenige sind wiederum eher zu weich. Leider sind auch die Angaben der Zusammensetzng auf den Flaschen nicht einheitlich, wodurch eine Bestimmung des tatsächlichen Härtegrads erschwert wird. Prinzipiell ist aber die Trinkwasserqualität in Deutschland sehr gut, sodass vom Einsatz eines Mineralwassers bei entsprechender Wasseraufbereitung und Pflege der Maschine abgesehen werden kann.

# WASSER-AUFBEREITUNG

Zu weiches Wasser kann durch entsprechende Mineralgranulate auf die richtige Härte gebracht werden, in den meisten Fällen wird jedoch eher eine Reduzierung der Carbonathärte erforderlich sein. Dafür gibt es verschiedene Ansätze und Systeme, die je nach Bedarf und Einsatzgebiet infrage kommen.

## „BRITA“-HAUSHALTSFILTER

In das mittlerweile zum Synonym für Haushaltsfilter gewordene System wird in einen Auffangbehälter Leitungswasser eingefüllt, das durch eine Filterkartusche sickert und unten aufgefangen wird. Zusätzlich zu einem Ionentauscherharz wird hierbei unter anderem auch Aktivkohle eingesetzt, die andere unerwünschte Stoffe wie z. B. Chlor aus dem Wasser filtert. Die Handhabung ist allerdings etwas umständlicher, da das Wasser manuell vorgefiltert werden muss. Diese Filter sollten alle vier Wochen gewechselt werden.

## UMKEHROSMOSEFILTER

Bei der Umkehrosmose wird in einem speziellen Filtersystem Trinkwasser aus der Leitung durch eine halbdurchlässige Membran gedrückt, die so fein ist, dass nur noch Wassermoleküle passieren können. Alle anderen Moleküle prallen an der Membran ab und werden abgeleitet, man erhält praktisch reines Wasser. Auch hierbei sollte für die Verwendung in einer Espressomaschine jedoch der Härtegrad wieder erhöht werden.

## IONENTAUSCHER

Als Ionentauscher werden Filtersysteme bezeichnet, die ein Kunststoffharz enthalten mit der Fähigkeit Calcium- und Magnesium-Ionen zu binden und Natrium-Ionen abzugeben. Für den gastronomischen Einsatz existieren entsprechend große Kartuschen, die mit diesem Granulat gefüllt sind und zwischen Wasserleitung und Maschine angeschlossen werden. Üblicherweise wird je nach Ausgangshärte allerdings wieder etwas normales Leitungswasser durch ein By-Pass-Ventil zugeführt, um den Härtegrad wieder auf ca. 8°dH zu erhöhen.

Für Haushalts-Espressomaschinen, die über Schläuche aus einem Tank mit Wasser versorgt werden, gibt es kleine Kartuschen, die auf den Schlauch angesteckt werden können. Diese Filter müssen regelmäßig, alle vier Wochen, gewechselt werden, da ansonsten die Gefahr der Verkeimung droht.

Ionentauscher für die Espressomaschine. Der Filter wird einfach an den Schlauch der Maschine gesteckt, durch den diese das Wasser aus dem Tank ansaugt. Bei jedem Bezug wird somit das Wasser automatisch teilentkalkt.

# DIE ESPRESSO-MÜHLE

Eine gern vernachlässigte Investition stellt eine gute Espressomühle dar. Meist wird sie nicht in das Budget einkalkuliert, da ihre Bedeutung bei der Espressozubereitung unterschätzt wird. Dabei sollte bei der Anschaffung des Espressoequipments der Espressomühle mindestens die gleiche Gewichtung zuteil werden wie der Espressomaschine und ebenso nach Langlebigkeit und Leistungsfähigkeit ausgewählt werden. Der Mahlgrad und die Frische des gemahlenen Kaffees liegen in ihrer Hand, zwei der wichtigsten Faktoren auf dem Weg zu einem perfekten Espresso.

Espressobohnen sind härter als normale Filterkaffeebohnen, sodass besondere Anforderungen an die Mahlscheiben gestellt werden. Sie verfügen über einen zusätzlichen Gegenschliff, der die Bohnen besser greifen kann. Normale Kaffeemühlen sind daher für die Mahlung von Espressobohnen ungeeignet, zumal sie meist nicht fein genug mahlen und nicht genau eingestellt werden können.

L'ARTE DI

# MÜHLENTYPEN

Es sind mittlerweile etliche Mühlen auf dem Markt erhältlich, die grundsätzlich in folgende Kategorien unterteilt werden können:

### ART DER MAHLSCHEIBEN

- Scheibenmahlwerk
- Konisches Mahlwerk

### MAHLGRADEINSTELLUNG

- Stufenlos
- Stufenweise

### ART DES AUSWURFS

- Direkt in den Siebträger
- In einen Dosierbehälter
- In einen Auffangbehälter

# SCHEIBENMAHLWERK

Bei Espressomühlen mit einem Scheibenmahlwerk liegen die Mahlscheiben flach übereinander. Der Mahlgrad wird über den Abstand der Mahlscheiben zueinander eingestellt. Je weiter die Scheiben auseinanderliegen, desto gröber ist der Mahlgrad. Im umgekehrten Fall gibt es meist einen Anschlag, über den hinaus nicht feiner eingestellt werden kann, um zu verhindern, dass die Mahlscheiben unmittelbar aufeinanderliegen. Ein Motor- oder Getriebeschaden wäre die Folge.

Es ist dringend darauf zu achten, dass die Mahlscheiben keinesfalls in Kunststoff gelagert sind, die Führung sollte vielmehr aus Metall gefertigt sein. Bei Scheibenmahlwerken werden sonst die Stabilität und die Konstanz des Mahlergebnisses zu stark beeinflusst. Kunststoff kann außerdem mit der Zeit aushärten und brüchig werden, die Kaffeeöle tun ihr Übriges.

Es gibt sie sowohl als stufenweise als auch als stufenlos einzustellende Ausführungen, wobei generell die stufenlose Version vorzuziehen ist, da sich dabei der Mahlgrad genauer justieren lässt. Bei stufenweise einstellbaren Mühlen sollten die Abstände zwischen den Stufen möglichst klein sein.

Die einzelnen Modelle unterscheiden sich auch im Durchmesser der Mahlscheiben. Große Gastronomiemühlen verfügen beispielsweise über Mahlscheiben mit mindestens 60 mm Durchmesser, übliche Haushaltsmühlen bieten um die 50 mm. Die Größe der Mahlscheiben hat Einfluss auf die Wärmeentwicklung beim Mahlen und auf die Leistungsfähigkeit. Je größer die Scheiben, desto schonender und länger kann gemahlen werden.

Je nach Modell unterscheiden sich die Mahlscheiben in ihrem Durchmesser. Größere Mahlscheiben gewährleisten eine schonendere Mahlung bei niedriger Drehzahl, um das Mahlgut nicht zu stark zu erwärmen.

Gut zu erkennen ist der Gegenschliff, mit dem die härteren Espressobohnen besser erfasst werden können

# KEGELMAHLWERK

Mühlen mit Kegelmahlwerk verrichten ihre Arbeit in der Regel schonender für die Kaffeebohnen, da sie sich beim Mahlen nicht so schnell erhitzen. Für den normalen Einsatz im Hausgebrauch spielt dies allerdings keine bedeutende Rolle, denn es werden selten mehr als ein paar Portionen hintereinander gemahlen. Gastronomiemühlen im Dauereinsatz unterliegen jedoch einer entsprechenden Belastung, ein Kegelmahlwerk bringt dort wichtige Vorteile, ist aufgrund des höheren Preises allerdings nicht so häufig vertreten. Der innere Kegel wird dabei vom Motor angetrieben, der äußere Mahlkranz bleibt fixiert. Die Mahlgradeinstellung wird auch hier über den Abstand der Mahlkörper zueinander reguliert. Die Einstellung des Mahlgrads erfolgt dabei durch Lösung der Arretierung des äußeren Mahlkranzes, allerdings nur in festgelegten Stufen und nur bei Stillstand der Mahlscheiben. Eine exakte Mahlgradeinstellung wird somit erschwert.

Bei Kegelmahlwerken ist das Material des Gewindes für den Mahlvorgang nicht so entscheidend. Es kann durchaus Kunststoff verwendet werden, ohne dass das Mahlergebnis sonderlich beeinflusst wird. Dennoch wäre auch hier in Bezug auf die Langlebigkeit die Verwendung von Metall wünschenswert.

Die Mahlgradeinstellung wird auch hier über den Abstand der Mahlkörper zueinander eingestellt. Der äußere Mahlkranz kann nach Lösung der Arretierung gedreht werden, allerdings nicht im laufenden Betrieb und nur auf festgelegte Stufen.

# STUFENWEISE MAHLGRADEINSTELLUNG

Bei Modellen mit stufenweiser Einstellung des Mahlgrads sollte darauf geachtet werden, dass die Mühle über entsprechend feine Abstufungen verfügt. Je größer das Gewinde der Mühle, desto mehr Stufen sind möglich. Das gewährleistet eine genaue Justierung.

# STUFENLOSE MAHLGRADEINSTELLUNG

Die Einfassung und das Gewinde einer Mühle mit Scheibenmahlwerk sollten aus Metall sein.

Mit stufenlos einstellbaren Mühlen kann man den Mahlgrad sehr genau justieren.
Über eine Gewindeschnecke aus Messing wird bei diesem Modell der obere Mahlkranz gedreht, wodurch er sich entweder tiefer senkt oder angehoben wird. Dadurch verändert sich der Abstand der Mahlscheiben zueinander und somit der Mahlgrad. Die Einstellung des Mahlgrads kann bei laufender Mühle erfolgen und erleichtert somit die Justierung.

# MAHLUNG DIREKT IN DEN SIEBTRÄGER

Der Vorteil der direkten Mahlung in den Siebträger besteht in der unmittelbaren Verwertung des Kaffeemehls. Es wird nur jeweils so viel gemahlen, wie auch wirklich für eine oder zwei Portionen verwendet wird. Der Mahlvorgang wird bei den meisten Mühlen durch einen Kontaktschalter ausgelöst, der mit dem Siebträger gedrückt wird. Dosiert wird dabei manuell, ist genug Kaffeemehl gemahlen, zieht man den Siebträger einfach weg.

Bei Modellen mit Zeitsteuerung kann die Zeit festgelegt werden, die das Mahlwerk laufen soll. Allerdings ist die Mahlzeit immer abhängig vom Mahlgrad. Je feiner der Mahlgrad, desto länger braucht die Mühle, um eine bestimmte Portion zu mahlen. Wird der Mahlgrad verstellt, muss auch die Zeitsteuerung neu eingestellt werden.

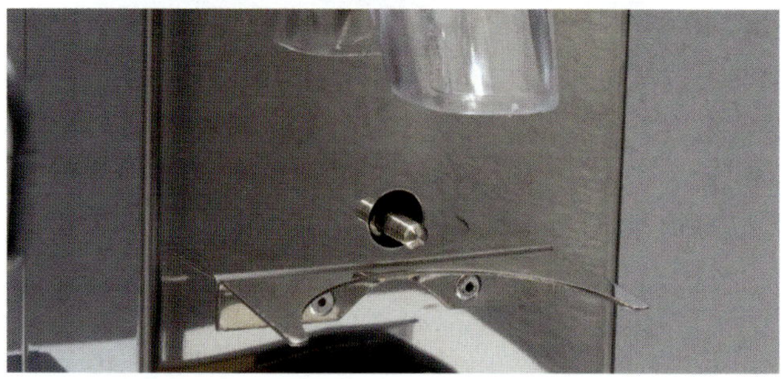

# MAHLUNG IN EINEN DOSIERBEHÄLTER

Bei Mühlen mit Dosierbehälter fällt das Kaffeemehl in einen vorgelagerten Auffangbehälter, der im unteren Bereich über einen Dosiermechanismus mit Kammern verfügt. Die einzelnen Segmente entsprechen einer Portion, die Feineinstellung der Menge erfolgt über den mittleren Stift, über den die Höhe der Kammern justiert werden kann. Wird der Hebel an der Seite des Dosierbehälters gezogen, dreht sich das Kammersystem, sodass eine gefüllte Kammer zum Auswurf transportiert wird. Die Dosierung kann aber nur gleichmäßig erfolgen, wenn auch alle Kammern gefüllt sind, der Dosierbehälter muss also mindestens zur Hälfte befüllt sein. Für den Hausgebrauch sind daher solche Dosiermühlen nur bedingt zu empfehlen, da selten eine solche Menge Kaffeemehl direkt verbraucht wird.

# MAHLUNG IN EINEN AUFFANGBEHÄLTER

Die Mahlung in einen Auffangbehälter ist sicherlich die sauberste Lösung, da kein Kaffeemehl verloren geht. Dafür gestaltet sich allerdings die Befüllung des Siebträgers auch entsprechend umständlich. Das Kaffeemehl muss mit einem Löffel dem Auffangbehälter entnommen werden. Solche Mühlen sind eigentlich nur sinnvoll, wenn Kaffee auf Vorrat gemahlen werden soll, was allerdings aufgrund des Aromaverlusts nicht zu empfehlen ist.

# REINIGUNG DER MÜHLE

In regelmäßigen Abständen muss eine Mühle gereinigt werden. Kaffeemehlreste können schnell ranzig werden und ihr schlechtes Aroma auf den frischen Kaffee übertragen. Insbesondere der Bohnenbehälter muss gewissenhaft sauber gehalten werden. Behälter aus Glas sind hygienischer und einfacher zu reinigen, Kunststoffbehälter werden aufgrund ihrer raueren Oberfläche mit der Zeit unansehnlich. Dosierbehälter sollten mit einem Pinsel regelmäßig von Kaffeemehl befreit werden.

Das Mahlwerk selbst kann man von Zeit zu Zeit mit einem Staubsauger aussaugen. In längeren Zeitabständen sollte der obere Mahlkranz komplett ausgebaut werden, um die Mahlscheiben gründlich manuell zu reinigen.

Mittlerweile gibt es einen speziellen Reiniger für Mahlwerke in Pellet-Form. Diese Pellets werden einfach durchgemahlen und binden dabei Kaffeemehlreste und Ablagerungen der Kaffeeöle. Dennoch ist, im normalen Haushaltseinsatz, die manuelle Reinigung mindestens einmal im Jahr anzuraten.

*Die kleine*

# BARISTA-SCHULE

Der Barista ist in Italien ein richtiger Lehrberuf, und auch hierzulande gibt es immer mehr Schulungsangebote, die in die große Kunst der „manuellen“ Espressozubereitung einführen. Hier kommt der vierte und vielleicht auch entscheidende Punkt der magischen 4 „M“ zum Tragen: **Mano**, die Hand des Bedieners. Kaffeevollautomaten versuchen diesen recht unkalkulierbaren Faktor weitestgehend auszuschalten, indem sie das Mahlen, das Dosieren und das Anpressen lieber selbst übernehmen. Bei der manuellen Zubereitung jedoch nützt das teuerste Equipment nichts, wenn es nicht richtig bedient wird. Glücklicherweise gelingt selbst Einsteigern schon nach kurzer Einarbeitung und den wichtigsten Hinweisen ein ganz passabler Espresso. Wer einmal Feuer gefangen hat, wird jedoch seine Technik immer akribischer verfeinern wollen, stets auf der Suche nach „seinem“ perfekten Espresso.

# GRUNDVORAUSSETZUNGEN

## EQUIPMENT

Gutes Equipment ist Grundvoraussetzung, sowohl was die Maschine als auch was die Mühle angeht. Ohne Mühle und damit ohne frisch gemahlenen und vom Mahlgrad her abgestimmten Kaffee wird auch die beste Maschine keinen perfekten Espresso zaubern können. Die Maschine muss die Wassertemperatur konstant halten und in der Lage sein, den nötigen Druck aufzubauen. Verschleißteile sollten rechtzeitig gewechselt, die Mahlscheiben der Mühle bei Bedarf nachgeschliffen oder erneuert werden.

## SAUBERKEIT

Ranzige Kaffeeöle zerstören jegliches Aroma. Brühkopf, Siebeinsätze, Siebträger, Bohnenbehälter, Dosierbehälter, Auswurf der Mühle – kurzum alles, was mit Kaffee in Berührung kommt, muss gewissenhaft sauber gehalten werden.

## WASSERQUALITÄT

Zu weiches Wasser betont die Säuren im Kaffee und greift die Materialien in der Maschine an, zu hartes Wasser kann die Maschine ebenso empfindlich schädigen und das diffizile Aroma fruchtiger Arabicas zerstören.

## TEMPERATUR

Die Maschine benötigt ausreichend Zeit, um aufzuheizen. 20 Minuten sollten Sie der Maschine nach dem Einschalten schon geben. Brühkopf, Siebträger und Siebeinsatz müssen heiß sein. Bei Wärmetauschersystemen sollte die Wasseraustrittstemperatur aus dem Brühkopf vor der Zubereitung überprüft werden:

Wasser aus dem Brühkopf beziehen, bis es gebündelt in der Mitte herausläuft, ohne dass es spritzt und ohne dass Dampf mit austritt. Wasserbezug beenden, unmittelbar danach den befüllten Siebträger einspannen und starten. Bei

Maschinen mit regelbaren Thermostaten die Wassertemperatur entsprechend des Röstgrads einstellen: Dunklere Kaffees vertragen etwas höhere Wassertemperaturen um 95 °C, hellere Röstungen oder empfindliche Arabicas sollten bei ca. 90 °C zubereitet werden.

## MAHLGRAD

Eher etwas feiner als zu grob. Ein feiner Mahlgrad bedeutet kleinere Kaffeepartikel und somit eine vergrößerte Oberfläche, die die Herauslösung der Bestandteile des Kaffees begünstigt. Auch werden die Zellstrukturen besser aufgebrochen, was eine bessere Ausnutzung des Kaffeemehls ermöglicht. Das Einstellen des Mahlgrads erfordert auch die Berücksichtigung des Anpressdrucks und der Dosierung sowie des Röstgrads der verwendeten Bohne. Ohne Tests läuft hierbei nichts. Dosierung und Anpressdruck sollten daher konstant gehalten und darauf der Mahlgrad abgestimmt werden. Eine zu feine Mahlung zeigt sich auch nach der Zubereitung. Der Kaffeekuchen ist recht nass, teilweise kann auch noch Wasser darauf stehen, das durch die Dichte des Kaffeepucks nicht abfließen konnte.

# KAFFEEZUBEREITUNG

Kaffee sollte unverzüglich nach der Mahlung zubereitet werden, am besten wird direkt in den Siebträger gemahlen und dann gebrüht.

## DOSIERUNG

Wer keine Lust hat, jede Portion mit der Digitalwaage abzuwiegen, sollte so dosieren, dass nach der gleichmäßigen Verteilung des Kaffeemehls im Siebträger der Siebeinsatz bis zum Rand plan mit Kaffeemehl gefüllt ist. Nach dem Anpressen muss vom Rand des Siebträgers bis zur Kaffeemehloberfläche allerdings ein Abstand von ca. 5 mm gewährleistet sein, damit das Brühkopfsieb noch genug Platz hat und der Siebträger richtig eingespannt und festgezogen werden kann. Wenn nach der Zubereitung auf dem Kaffeemehl Abdrücke des Rings zu sehen sind, muss die Dosierung etwas verringert werden.

6,5 g sind die Untergrenze pro Portion in einem 6-g-Siebeinsatz, der einfach etwas flacher ist als der 7-g-Siebeinsatz. Eine Unterdosierung zeigt sich nach der Zubereitung durch einen teilweise aufgewühlten Kaffeekuchen im Siebträger, da zwischen Brühkopfsieb und Kaffeeoberfläche ein Hohlraum entstanden ist, in dem sich das Wasser frei verteilen konnte.

## VERTEILUNG

Die ebenmäßige Befüllung des Siebträgers mit Kaffeemehl verhindert das sogenannte „Channelling“. Wasser sucht sich immer den geringsten Widerstand und bildet daher feine Kanäle durch Bereiche des Kaffeekuchens, die leichter zu durchdringen sind. Schon bei der Mahlung in den Siebträger sollte man durch Positionsänderung des Siebträgers unter dem Auswurf der Mühle das Kaffeemehl gleichmäßig ins Sieb fallen lassen.

## TAMPEN UND ANPRESSDRUCK

Das Anpressen des Kaffeemehls muss plan und genau senkrecht auf das verteilte Kaffeemehl erfolgen. Der Durchmesser des Tampers sollte passgenau gewählt werden, damit beim Anpressen auch wirklich die gesamte Kaffeeoberfläche erfasst wird. Bei zu kleinen Tampern muss sonst mehrmals angesetzt werden, was zu ungleichmäßigen Ergebnissen führt. Das Eigengewicht des Tampers trägt schon dazu bei, das Kaffeemehl leicht anzudrücken. Der Tamper setzt sich bei höherem Gewicht schön eben auf die Kaffeeoberfläche. Ein Gefühl für den nötigen Anpressdruck von ca. 15 kg kann man mithilfe einer Personenwaage entwickeln.

## DER KNOCK

Der sogenannte „Knock“ ist umstritten. Nach dem Anpressen klopft man mit dem Tamper von außen an den Siebträger. Dadurch sollen etwaige ungestampfte Kaffeereste am Rand des Siebträgers abfallen. Allerdings kann dadurch auch der zuvor festgedrückte Kaffeekuchen die Haftung im Siebeinsatz verlieren, sodass unter Umständen das Wasser ungleichmäßig durch den Kaffeekuchen läuft (siehe „Channeling“). Es ist mit Sicherheit ein Teil des persönlichen Rituals und somit letztlich Geschmackssache.

# WICHTIGES ZUBEHÖR

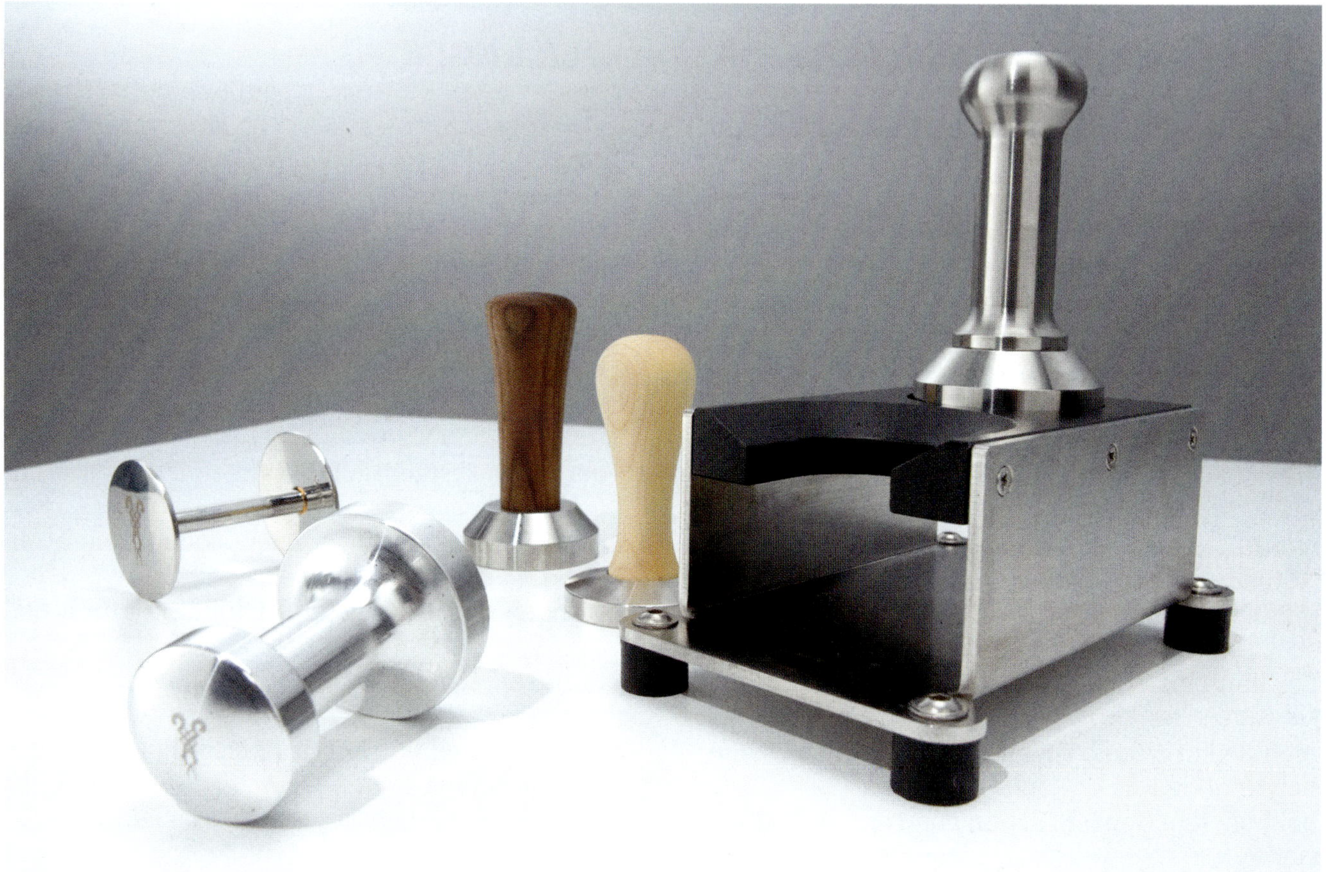

## TAMPER

Ein massiver Tamper ist nicht nur ein schöner Handschmeichler, sondern erleichtert auch das richtige Andrücken. Der Durchmesser sollte exakt auf den jeweiligen Siebeinsatz abgestimmt sein. Mittlerweile gibt es passende Tamper für fast jede gängige Siebgröße. Es gibt sie aus Aluminium oder Edelstahl mit verschiedenen Griffen aus Holz oder Metall. Vermeiden Sie es, Tamper aus Aluminium in die Spülmaschine zu legen. Dadurch verlieren sie ihren Glanz und werden matt.

## ANDRÜCKSTATION

Eine Andrückstation ist zwar nicht zwingend erforderlich, sie erleichtert aber den richtigen Druckaufbau beim Anpressen enorm. Siebträger für eine Portion haben normalerweise einen gebogenen Auslauf, sodass ein planes Ablegen des Siebträgers auf der Arbeitsplatte nicht möglich ist. Eine Halterung, in die der Siebträger eingelegt werden kann, ermöglicht daher erst den richtigen Anpressdruck senkrecht von oben. Beim Doppelsiebträger kann der Auslauf als Stütze genommen werden, dabei empfiehlt sich zum Schutz der Arbeitsplatte eine Gummimatte.

## AUSKLOPFKASTEN

Ein Ausklopfkasten unter der Mühle ist auch nicht unverzichtbar. Beim Mahlen und Dosieren fällt allerdings immer etwas Kaffeemehl daneben, mit einem breiten Pinsel ist es aber schnell in die geöffnete Schublade befördert. Die Klopfstange sollte aus Holz oder einem schlagbeständigen Kunststoff sein. Keinesfalls darf der Siebträger gegen Metall ausgeklopft werden, da selbst durch kleine Dellen im Siebeinsatz die Dichtigkeit an der Brühkopfdichtung beeinträchtigt wird.

## TASSEN

Espressotassen gibt es in den verschiedensten Variationen, was Form, Farbe und Material betrifft. Es gibt jedoch einige Dinge zu beachten: Als Material eignet sich am besten dickwandiges Porzellan. Es speichert die Wärme und schützt den Espresso vor Temperaturverlust. Allerdings müssen daher die Tassen auch gut vorgewärmt werden, da sie ansonsten genau das Gegenteil bewirken. In konisch zulaufenden Formen kommt die geringe Füllmenge eines Espresso besonders gut zur Geltung, der obere Durchmesser sollte nicht zu groß sein, denn dadurch wird die Oberflächenspannung verringert. Der Boden sollte abgerundet sein, damit sich der Caffè gleichmäßig verteilen kann.

# AUFBEWAHRUNG UND MAHLUNG

Am besten wird der Bohnenbehälter nur mit der Bohnenmenge befüllt, die auch wirklich in den nächsten Stunden verbraucht wird. Nicht nur Sauerstoff, sondern auch Licht macht den Bohnen zu schaffen. Die Folienverpackung bietet immer noch den besten Schutz, wenn die Luft herausgedrückt und die Verpackung wieder richtig verschlossen wird. Daher die Öffnung der Kaffeetüte möglichst klein halten, damit gar nicht erst viel Sauerstoff eindringen kann. Der richtige Mahlgrad muss sorgfältig durch Probemahlungen ermittelt werden. Bei der Mahlung in den Siebträger trägt leichtes Schütteln des Siebträgers zu einer gleichmäßigen Verteilung des Kaffeemehls bei.

1

2

3

4

5

6

7

8

9

# KAFFEEMEHL VERTEILEN

Die gleichmäßige Verteilung des Kaffeemehls im Siebeinsatz durch Überstreichen mit der Hand sorgt dafür, dass bereits eine gleichmäßige Oberfläche für das folgende Anpressen geschaffen wird. Dabei wird mit dem Finger das Kaffeemehl leicht angedrückt und durch abstreifende Bewegungen verteilt: am besten von links nach rechts sowie von oben nach unten und umgekehrt streichen. Abschließend entfernen Sie ebenfalls mit den Fingern die Kaffeereste vom Rand des Siebträgers, da sie sich sonst an der Brühkopfdichtung festsetzen würden.

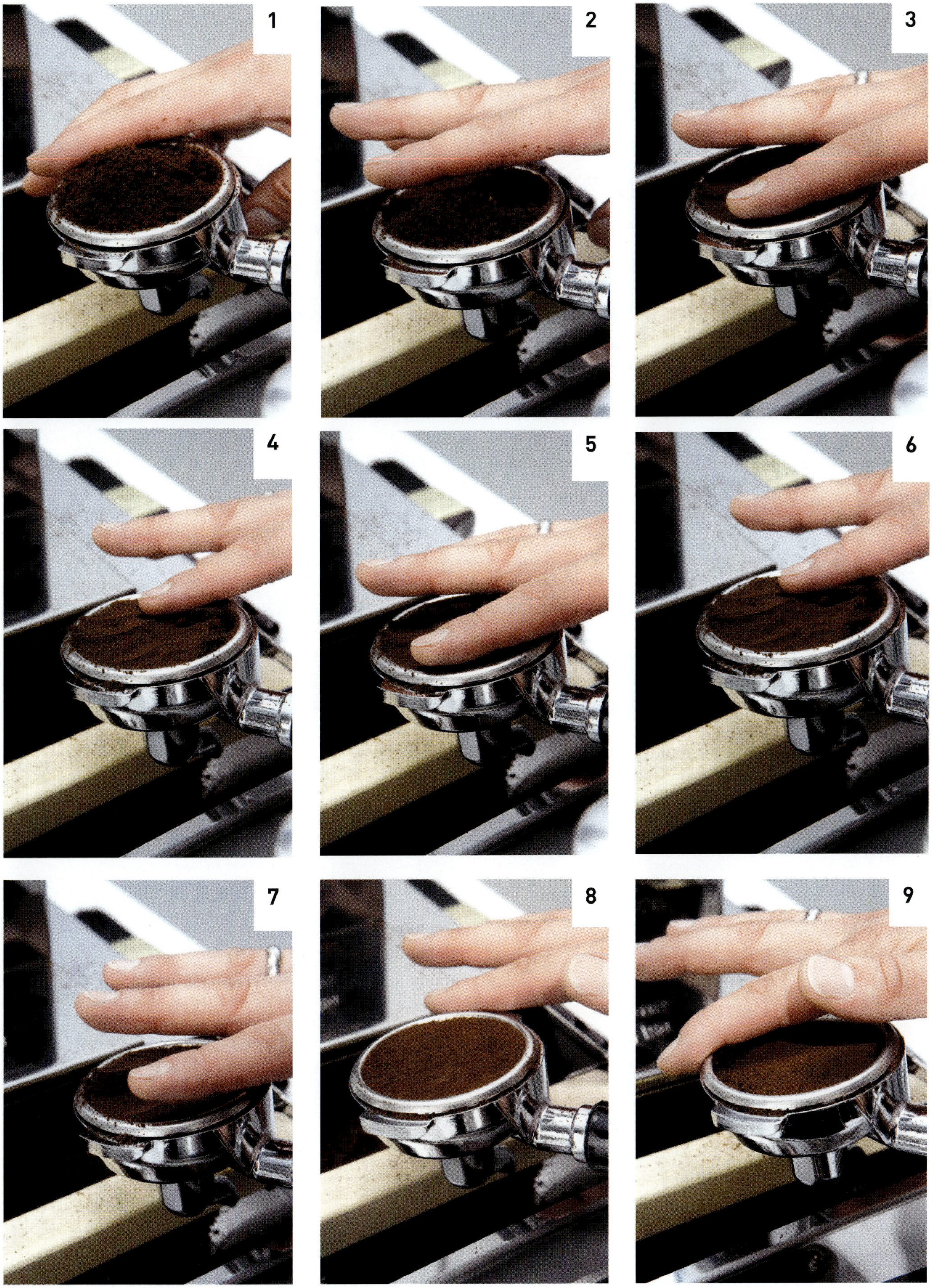
1
2
3
4
5
6
7
8
9

# RICHTIG TAMPEN

Das gleichmäßige Anpressen oder Tampen stellt sicher, dass der Druck gleichmäßig auf dem Kaffeemehl aufgebaut werden kann. Das Kaffeemehl verdichtet sich dabei im Siebeinsatz zu einem festen Kuchen, sodass es eine homogene Gegendruckfläche darstellt. Das Wasser sucht sich immer den geringsten Widerstand, daher ist es wichtig, dass das Andrücken völlig plan und senkrecht erfolgt. Ein schiefes Anpressen hätte zur Folge, dass das Wasser überwiegend durch den dünneren Teil des Kaffeepucks fließt und somit die gleichmäßige Extraktion des gesamten Kaffeemehls verhindert.

So sollte vorgegangen werden: Zunächst den Tamper senkrecht über dem Siebträger platzieren und leicht hineinfallen lassen, durch sein Eigengewicht setzt er sich plan auf das Kaffeemehl. Nun den Druck von ca. 15 kg senkrecht aufbauen. Während der Druck noch gehalten wird, den Tamper um ca. 120° drehen, dadurch wird die Oberfläche des Kaffeemehls „poliert“, kleine Unebenheiten werden ausgeglichen. Abschließend erneut den Rand des Siebträgers abwischen.

1

2

3

4

5

6

7

8

9

# BRÜHEN

Bei Wärmetauschersystemen muss unbedingt vor dem Einspannen des Siebträgers ein Leerbezug von Wasser durchgeführt werden, und zwar so lange, bis der Wasserstrahl in der Mitte gebündelt ist und ruhig herausläuft. Generell empfiehlt sich ein Leerbezug auch bei allen anderen Maschinen, dadurch wird das Brühkopfsieb von eventuell anhaftenden Kaffeemehlresten befreit. Fängt die Maschine dabei an zu heizen, warten Sie die Heizphase ab.

Danach wird der Siebträger eingespannt und festgezogen – so, dass er in einem 90°-Winkel zur Maschine steht. Zeigt er zu weit nach rechts, kann dies ein Anzeichen für eine verschlissene oder zu dünne Dichtung sein. Jetzt kann der Kaffeebezug gestartet und der Durchlauf beobachtet werden.

Erst nach ein paar Sekunden sollte der erste, fast schwarze Strahl herauslaufen. Wiederum nach einigen Sekunden tritt die erste Crema mit aus. Der Strahl sollte langsam und sämig, wie langsam fließender Honig, herauslaufen und nicht abreißen. Nach etwa 25 Sekunden ist die optimale Espressofüllmenge erreicht.

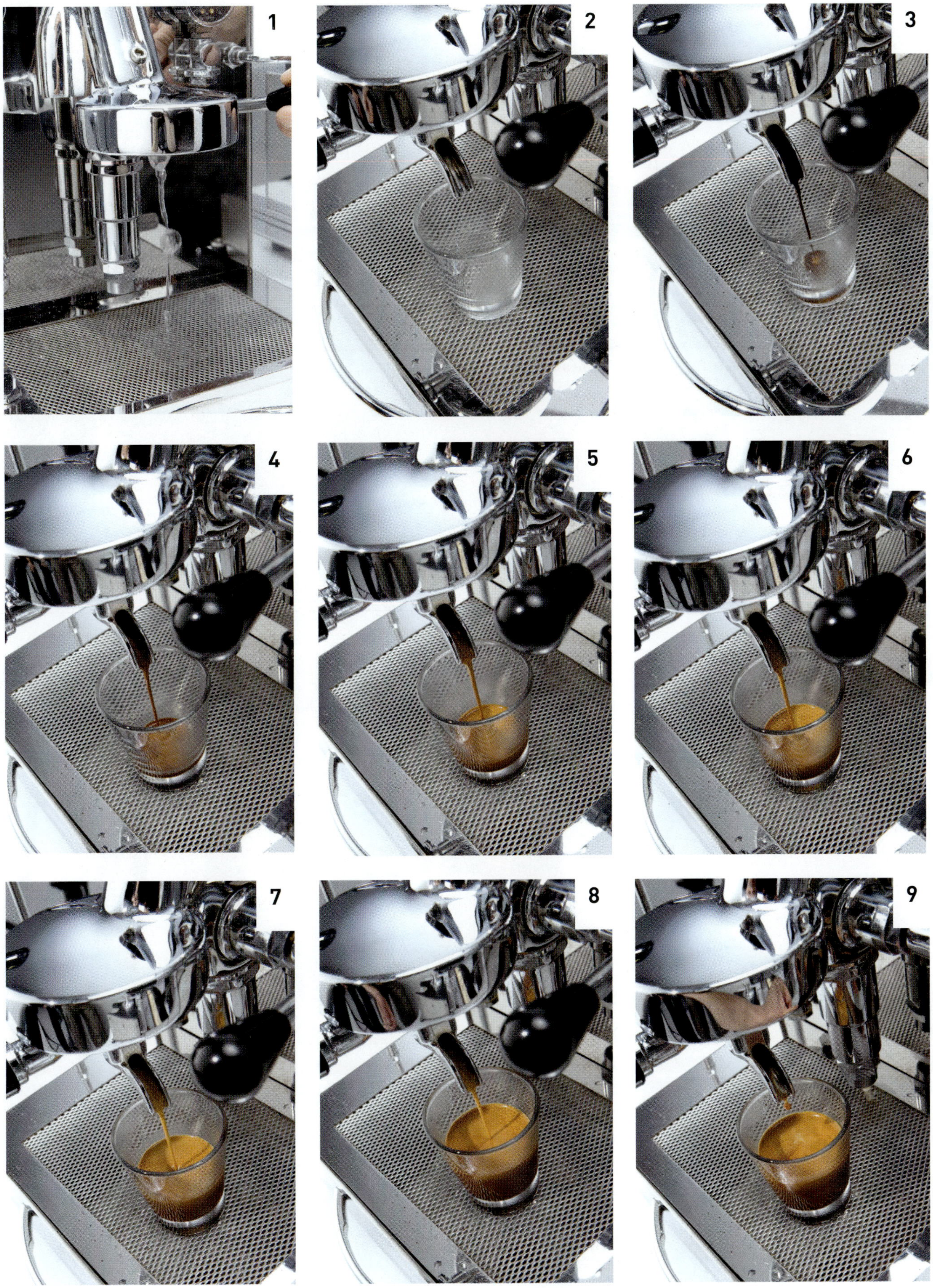
1
2
3
4
5
6
7
8
9

*Siebträger für Profis*

# BODENLOS

Eine der größten Herausforderungen in der Kunst der Espressozubereitung ist sicherlich der Einsatz eines bodenlosen Siebträgers, für die Verfeinerung der Technik das beste Werkzeug. Er ist gnadenlos und verzeiht keinen Fehler. Wer mit ihm einen ansehnlichen Espresso zubereiten will, muss es schon ganz genau nehmen. Hier offenbart sich das wahre Können eines Barista.

# CHANNELING

Eine ungleichmäßige Befüllung und ein unzureichendes Tampern zeigt sich beim bodenlosen Siebträger teilweise spektakulär. Man kann gut erkennen, wie sich das Wasser zunächst durch einige wenige Kanäle seinen Weg bahnt. Das nennt man auch „Channeling“.

Zunächst treten nur an zwei Stellen erste Kaffeetröpfchen aus dem Sieb, danach folgen weitere Kanäle, die sich beim Ausfließen verbinden. Die Extraktion erfolgt völlig ungleichmäßig und unkontrolliert, letztlich schießt das Wasser einfach durch, der Espresso ist völlig unterextrahiert.

1

4

2

3

5

6

# MAHLGRAD ZU GROB

Auch hier erfolgt der Austritt der ersten Tröpfchen nicht gleichmäßig verteilt, ein Zeichen für ungleichmäßigen Anpressdruck. Der Fehler zeigt sich bald: Das Aufhellen des Espresso erfolgt zu schnell, ein Zeichen von Unterextraktion. Die Espressomenge ist bereits nach wenigen Sekunden erreicht. Bei diesem misslungenen Versuch war ein zu grober Mahlgrad ausschlaggebend.

1

2

3

4

5

# OPTIMALER MAHLGRAD

Die ersten Tröpfchen treten fast gleichzeitig am Rand des Siebeinsatzes aus, sammeln sich zu größeren Tropfen und fallen fast sirupartig zäh in das Glas. Nach ein paar Sekunden hat das Wasser das Kaffeemehl gleichmäßig durchdrungen. Die charakteristisch haselnussbraune Farbe entsteht, in der Mitte des Siebs formt sich ein dicker Strahl. Der Durchfluss erfolgt kontinuierlich, immer noch in einem gebündelten Strahl, bis die gewünschte Espressomenge erreicht ist. Das charakteristische Tigerstreifenmuster ist gut zu erkennen.

1

4

2

3

5

6

# MASCHINEN-TYPEN

Bei Espressomaschinen für den Haushalt gibt es bezüglich des technischen Aufbaus einige grundlegende und entscheidende Unterschiede. Manche dieser Systeme stellen den Bedienkomfort in den Vordergrund, andere wiederum kompromisslose Espressoqualität. Grundsätzlich unterscheiden sich die Maschinen in der Art der Druckerzeugung, des Heizsystems und der Zubereitungsart, sprich Kaffeemehl oder Pads bzw. Kapseln.

Vor der Anschaffung einer Espressomaschine sollte man sich darüber im Klaren sein, welche Ansprüche man an seine Espressomaschine stellt. Wenn die Maschine nicht den eigenen Vorstellungen von Benutzerfreundlichkeit und individueller Einflussnahme entgegenkommt, ist Unzufriedenheit vorprogrammiert. Doch zunächst gilt es zu verstehen, worin überhaupt die wesentlichen Unterschiede der technischen Herangehensweisen bestehen.

# HANDHEBELMASCHINEN

Handhebelmaschinen werden oft als der Urtypus der Espressomaschine angesehen. Ihr Einzug in die Haushalte begann 1961 mit der ersten Handhebelmaschine „Europiccola“ von La Pavoni. Die wohl bekannteste Espressomaschine erhielt 1965 ihr endgültiges Design, die 1974 präsentierte größere Schwester „Professionale“ steht sogar im Museum of Modern Art in New York.

In der Gastronomie waren zu dieser Zeit noch die Spannfederkolbenmaschinen weit verbreitet, bei der Europiccola jedoch wurde allein die Muskelkraft dazu benutzt, das Wasser durch das Kaffeemehl zu drücken. Beim Hochziehen des Hebels wird Wasser aus dem Kessel in den Kolben gezogen. Das Herunterdrücken des Hebels drückt das heiße Wasser aus dem Kolben durch das sich im Siebträger befindliche Kaffeemehl.

Dennoch erfordert die Bedienung einer solchen Maschine einiges an Erfahrung, Geduld und Muskelkraft. Auch der Mahlgrad und die Dosierung müssen absolut exakt eingestellt werden. Obwohl dies natürlich auch für andere Espressomaschinen gilt, fällt es bei dieser Art der Zubereitung stärker ins Gewicht.

Wer sich Zeit für eine Espressozeremonie nehmen möchte und kann, wird mit solchen Liebhaberstücken nach einer gewissenhaften Einarbeitungszeit zurechtkommen.

EUROPICCOLA von PAVONI
*Hier in einer eher ungewöhnlichen dreifarbigen Ausführung in Edelstahl, Messing und Kupfer.*

MICROCASA von ELEKTRA
*Hier in der Version mit Muranoglaskugel.*

Die Versorgung einer größeren Gesellschaft mit Espresso oder gar Cappuccino oder Milchkaffee ist allerdings keine dankbare Aufgabe und hält den Barista für einige Zeit in der Küche fest. Hinderlich in diesem Zusammenhang ist auch das Fehlen eines ausreichend großen Wassertanks. Der Kessel muss manuell befüllt werden. Dazu muss der Druck aus dem Kessel gelassen werden, um frisches Wasser einzufüllen und wieder aufheizen zu lassen.

Weitere Beispiele für diesen Maschinentyp sind die Microcasa von Elektra und die Achille von Gaggia. Die Cimbali Microcimbali übernimmt das Prinzip des Spannfederkolbens aus der Gastronomie in den Haushalt. Eine starke Feder wird durch den Hebel zunächst komprimiert, dabei wird auch Wasser in die Brühkammer gezogen. Die Feder entspannt sich langsam und baut so den Druck auf dem Kaffeemehl auf.

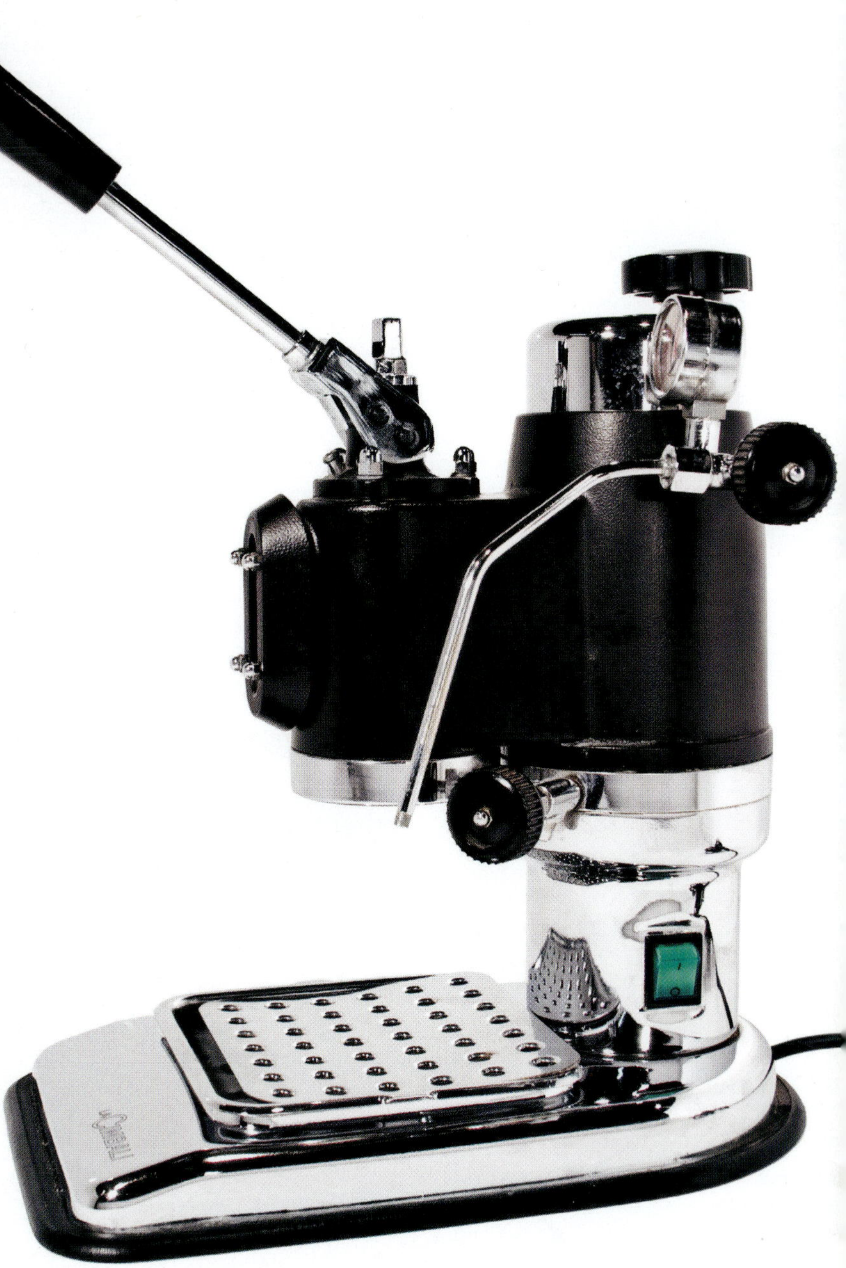

MICROCIMBALI von LA CIMBALI
*Mit Spannfederkolbentechnik*

LA PEPINA
*Die kleine „Espressopumpe“*
*Bei ihr wird der Druck durch mehrmaliges Herunterziehen des Hebels aufgebaut.*

FAEMA
*Spannfederkolben für den Haushalt.*

# ELEKTRISCHE PUMPEN

Im Gegensatz zu Handhebelmaschinen wird bei den meisten heute verfügbaren Modellen der Druck über elektrische Pumpen erzeugt. Die Vibrationspumpe wurde 1970 von der Firma Ulka in Italien entwickelt und ermöglichte den Einzug von elektrischem Druckaufbau in Haushaltsmaschinen. Durch die kompakten Ausmaße und den relativ günstigen Preis hat sie sich schnell in den meisten Haushaltsmaschinen etabliert.

## VIBRATIONSPUMPEN

Die Vibrationspumpe befördert das Wasser mithilfe eines schwingenden Kolbens, wodurch ein Unterdruck erzeugt wird, der das Wasser ansaugt. Solche Pumpen werden in flexiblen Gummimanschetten gelagert, damit sich die Vibrationen nicht zu stark auf das Gehäuse übertragen. Dennoch sind sie im Betrieb deutlich zu hören, abhängig von der Härte der Gummimanschetten mehr oder weniger. Je nach Modell sind sie in der Lage, ca. 16 Bar Druck zu erzeugen. Für den Dauerbetrieb sind Vibrationspumpen nicht ausgelegt und können bei längeren Laufzeiten leicht überhitzen.

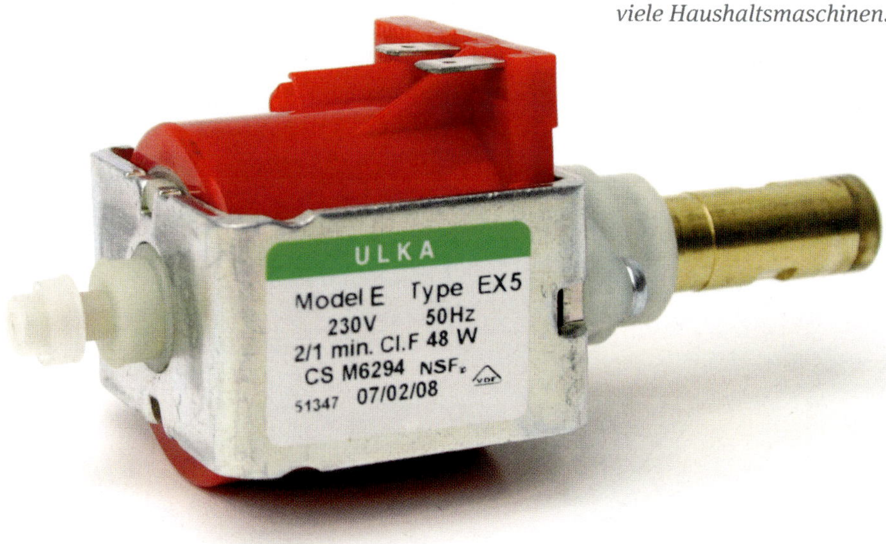


VIBRATIONSPUMPE von ULKA
*Seit den siebziger Jahren der Standart für viele Haushaltsmaschinen.*

## ROTATIONSPUMPEN

Rotationspumpen wurden um 1960 entwickelt und sind in den meisten Gastronomiegeräten mit Festwasseranschluss bis heute Standard. Sie ermöglichen einen konstanten Druckaufbau und sind durch ihr Funktionsprinzip um einiges leiser als die schwingenden Vibrationspumpen. Sie lassen sich direkt an das Wassernetz anschließen und vertragen auch dessen Leitungsdruck. Der maximale Druckaufbau kann in Abhängigkeit vom Leitungsdruck reguliert werden.

Im Unterschied zu Vibrationspumpen ist der eingestellte Maximaldruck sofort verfügbar und baut sich nicht erst durch Gegendruck des Kaffeemehls im Siebträger auf. Dennoch ist auch bei Maschinen mit Rotationspumpe ein exakter Mahlgrad erforderlich. Solche Pumpen sind für den Dauerbetrieb ausgelegt. Die qualitativen Auswirkungen der verwendeten Pumpenart auf das Espressoergebnis sind allerdings objektiv betrachtet zu vernachlässigen.

ROTATIONSPUMPE
*Zwar leiser als Vibrationspumpen, dafür aber auch wesentlich teurer und längst nicht so kompakt.*

# KLEINE MASCHINEN MIT KESSEL

Bei kleineren Maschinen ist der Kessel direkt mit dem Brühkopf verbunden, sodass dieser automatisch durch die abstrahlende Kesselwärme mit beheizt wird. Aufgrund des kompakten Aufbaus verkürzt sich die Aufheizzeit auf ca. 10 bis 15 Minuten. Ein Nachteil ist jedoch, dass aufgrund des geringen Kesselvolumens auch das Dampfvermögen leidet. Der anfangs recht druckvolle Dampf lässt nach kurzer Zeit bereits merklich nach, sodass größere Milchmengen schwierig zu schäumen sind. Für zwei Tassen Cappuccino oder Caffè Latte reicht es aber meistens.

FRANCIS FRANCIS
*Retro-Design mit einfacher Technik und Aluminiumkessel.*

SAECO DESIGNSTUDIE

*Das verspielte Design ist sicherlich Geschmackssache. Der bei dieser Maschine verwendete patentierte „Gran Crema Siebträger“ verspricht garantiert eine schaumige Crema. Dafür sorgt ein Ventil am Auslauf, das zunächst geschlossen ist und einen maximalen Gegendruck erzeugt. Nach dem Öffnen des Ventils passiert der Kaffee einen Mechanismus, der ihn verwirbelt, also schaumig schlägt. Das hat leider nichts mit einem richtigen Espresso zu tun, denn die Crema wird künstlich erzeugt und ist kein Zeichen optimal gelöster Aromen.*

BAZZAR A2 EDITION
*Kompakte Maschine mit kleinem Messingboiler. Einen Dampfmarathon sollte man von kleinen Maschinen nicht erwarten. Dennoch lässt sich auch mit solchen Maschinen ein hervorragender Espresso zubereiten.*

# FUNKTIONSWEISE

*vereinfachte schematische Darstellung*

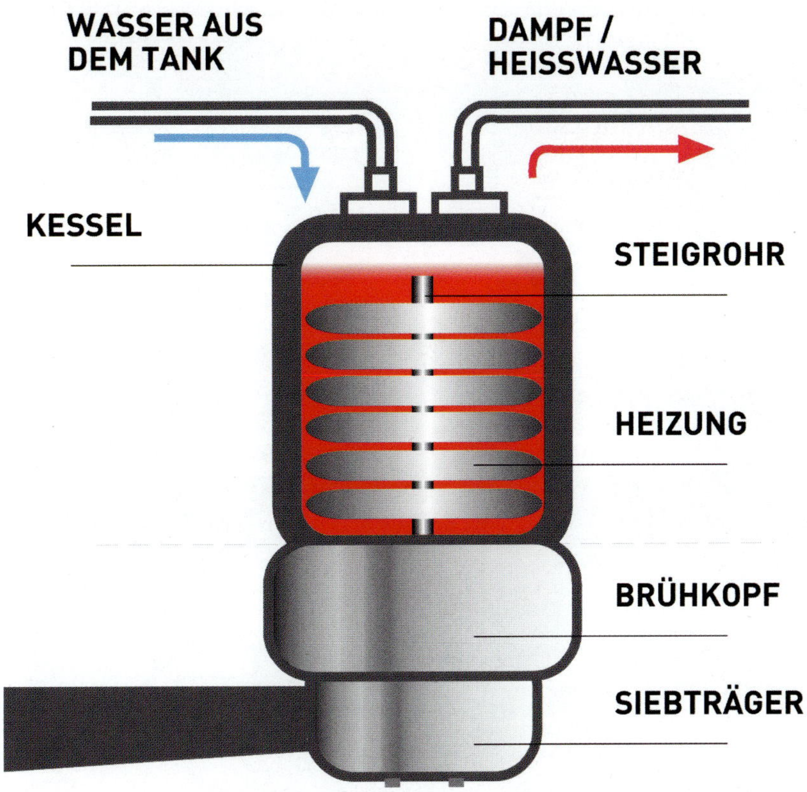


Kaltes Wasser wird aus dem Tank in den Kessel gepumpt und durch ein Steigrohr zum Brühkopf geleitet. Im Normalbetrieb wird das Wasser im Kessel auf ca. 90 bis 95 °C erhitzt. Dampfentnahme erfordert ein zusätzliches Aufheizen auf ca. 120 °C.

# HAUPTELEMENTE

*am Beispiel der Bazzar A2 Edition*

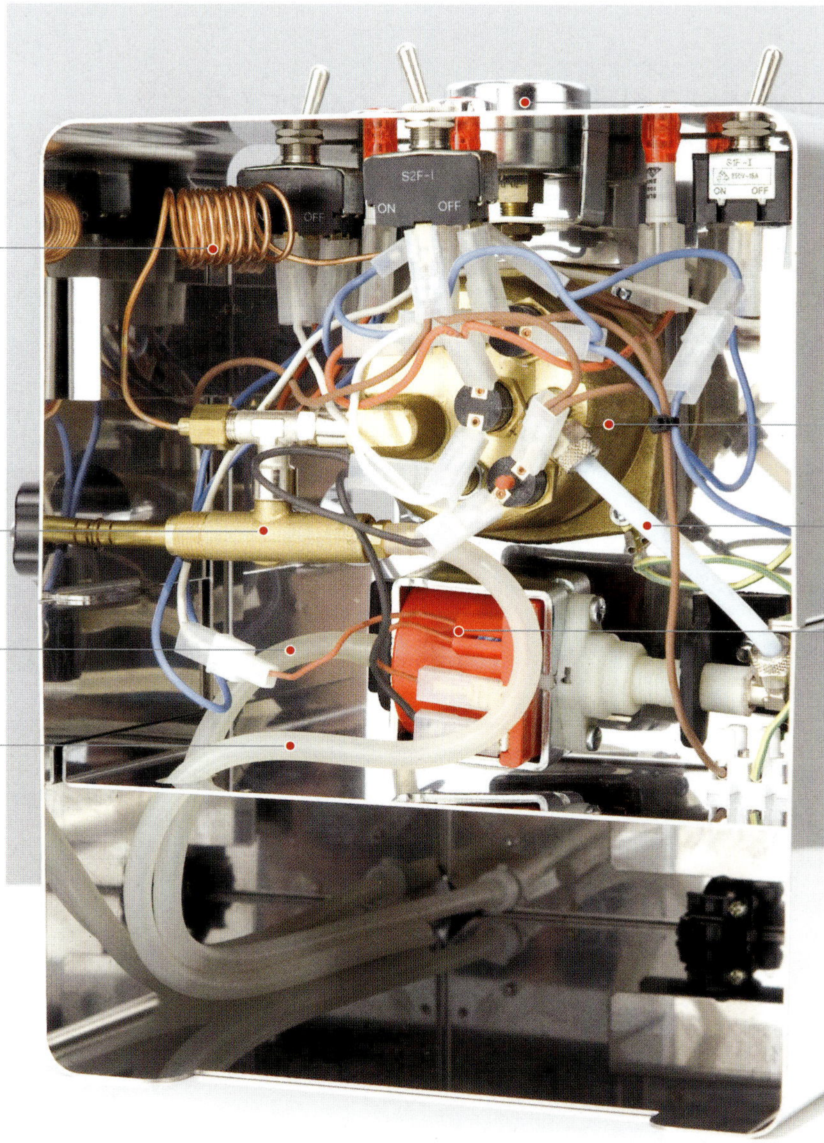

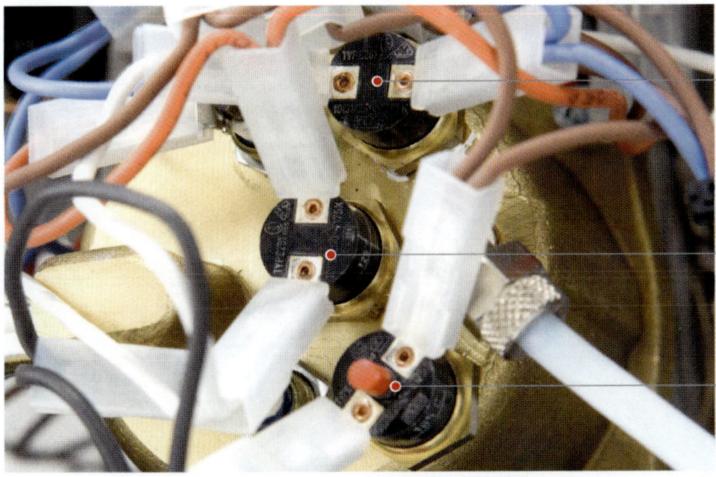
95°C KAFFEETHERMOSTAT
125°C DAMPFTHERMOSTAT
165°C SICHERHEITSTHERMOSTAT MIT RÜCKSTELLKNOPF

DAMPFVENTILKÖRPER
EINSTELLBARES ÜBERDRUCKVENTIL
DAMPFVENTILSTIFT

BRÜHKOPF
SIEBTRÄGERAUFNAHME
BRÜHKOPFSIEB
BRÜHKOPFDICHTUNG
BRÜHKOPFVENTIL/ WASSERVERTEILER

Kessel aus Messing bieten eine höhere Temperaturstabilität und Resistenz gegenüber Kalkablagerungen.

Das Wasser gelangt über ein Steigohr zum Brühkopf.

Bei kleineren Maschinen ist oft das Brühkopfventil auch gleichzeitig der Wasserverteiler. Aus den seitlichen Löchern strömt das Wasser oberhalb des Brühkopfsiebs aus. Die Feder mit der Pilzkopfdichtung dient als Expansionsventil und schließt im Leerlauf den Kessel, sodass kein Wasser herauslaufen kann.

BRÜHKOPFVENTIL/WASSERVERTEILER/EXPANSIONS-VENTIL

Der Überhitzungsschutz dient dazu, die Heizung abzuschalten, wenn einer der anderen Thermostate defekt ist. Üblicherweise werden Thermostate für 145 oder 165 °C verwendet, die nach dem Auslösen die Heizung komplett abschalten. Der rote Knopf springt dabei heraus und deaktiviert die Heizung komplett. Erst wenn der Knopf wieder heruntergedrückt wird, lässt sich die Heizung erneut in Betrieb nehmen.

ÜBERHITZUNGSSCHUTZ

## ÜBERDRUCKVENTIL

Das einstellbare Überdruckventil dient dazu, den maximalen Brühdruck zu regulieren. Ab einem einstellbaren Druck öffnet das Ventil und leitet den überschüssigen Teil des Wassers wieder zurück in den Tank. Üblicherweise wird das Überdruckventil auf 10 bis 12 Bar justiert.

# KLEINE MASCHINEN MIT THERMOBLOCK

Thermoblocksysteme bieten den Vorteil, dass sie sehr schnell einsatzbereit sind. Das Wasser wird dabei nicht in einem Kessel erhitzt, sondern durch ein langes Rohr gepumpt, das spiralförmig aufgewickelt in einem massiven Aluminiumblock sitzt. Dieser wird auf Kaffeetemperatur geheizt.

Bei manchen Systemen besteht dieses Rohr aus Kupfer und ist dadurch wesentlich langlebiger im Gegensatz zum in günstigeren Modellen eingesetzten Aluminium.

Da das Wasser nach dem Kaffeebezug aus dem Thermoblock wieder in den Tank abgeleitet wird, sind solche Systeme weniger kalkanfällig. Ein Nachteil besteht jedoch darin, dass die Brühtemperatur stark von der Durchflussgeschwindigkeit abhängt. Fließt das Wasser zu schnell hindurch, was bei etwas zu grob gemahlenem Kaffeemehl der Fall ist, wird das Wasser nicht heiß genug.

QUICK MILL STRETTA
*Durch den Thermoblock sehr schnell einsatzbereit. Kontinuierliche Dampfproduktion, allerdings auf Kosten eines hohen Dampfdrucks.*

# FUNKTIONSWEISE

*vereinfachte schematische Darstellung*

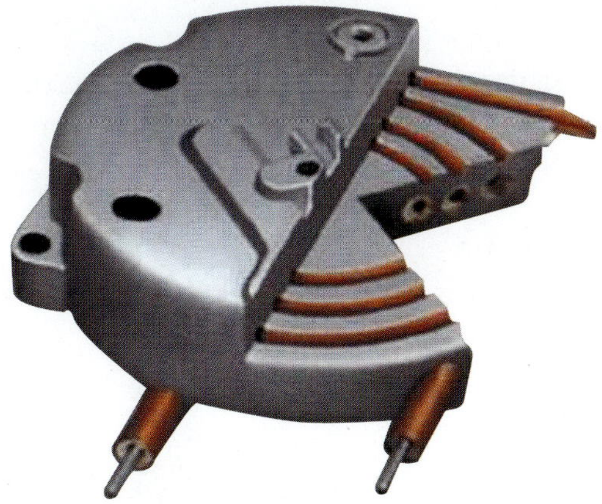

Kaltes Wasser wird durch den beheizten Thermoblock gepumpt und erhitzt sich wie in einem Durchlauferhitzer.

Im Dampfmodus wird der Thermoblock auf Dampftemperatur geheizt, die Pumpe schickt nur intervallweise Wasser in den Block, das dort direkt verdampft. Die Dampfentnahme kann kontinuierlich erfolgen, allerdings ist der Dampf relativ feucht und der Druck nicht besonders hoch. Mit der Aufschäumhilfe gelingt dennoch voluminöser Milchschaum, allerdings kein cremiger Mikroschaum, wie man ihn für Latte Art benötigt.

# GRÖSSERE MASCHINEN MIT KESSEL

Etwas größere Maschinen dieser Bauart verfügen über einen größeren Kessel zum Erhitzen des Wassers. Auch der Durchmesser des Brühkopfs gleicht dem von professionellen Siebträgern, vergrößert die Oberfläche des Kaffees, auf die der Druck aufgebaut werden kann, und begünstigt so eine bessere Extraktion.

Durch das größere Kesselvolumen wird zum einen beim Bezug von mehreren Caffès die Temperatur konstanter gehalten, zum anderen erhöht sich auch das Dampfvolumen und somit der Druck beim Aufschäumen. Die Aufheizzeit verlängert sich auf ca. 15 bis 20 Minuten, da der massivere Brühkopf aus Messing und der schwerere Siebträger etwas langsamer auf Temperatur kommen. Ein Leerbezug von Wasser kann da aber helfen.

RANCILIO SILVIA
*Ein größerer Kessel gewährleistet eine höhere Temperaturstabilität und kraftvolleren Dampf. Der größere Siebträger ermöglicht eine bessere Extraktion.*

Die Dampfleistung solcher Maschinen ist beachtlich. Das Kesselvolumen beträgt in der Regel um die 300 ml, sodass auch bis zu vier Cappuccini kein größeres Problem darstellen. Durch die etwas großzügigere Bauart passt in solche Modelle ein Magnetventil, das das überschüssige Wasser nach dem Kaffeebezug in die Auffangwanne ableitet und so ein Nachtropfen aus dem Brühkopf verhindert.

3-Wege-Magnetventil
*Das Magnetventil sorgt dafür, dass das Wasser abgeleitet wird und nach der Kaffeezubereitung nicht durch den Brühkopf nachtropft.*

BAZZAR STELLA EDITION
*Griffe an der Tassenablage erleichtern das Nachfüllen des Wassertanks: Darauf wärmende Tassen können einfach mit heruntergenommen werden.*

# MASCHINEN MIT PROFI-BRÜHGRUPPE

Bei Geräten mit Profi-Brühgruppe sind Kessel und Brühkopf voneinander getrennt. Die Brühgruppe muss durch einen separaten Kreislauf, den sogenannten Thermosyphon, durch das heiße Kesselwasser erhitzt werden. Dabei wird heißes Wasser zur Brühgruppe geleitet, verliert dort an den Brühkopf Temperatur und fließt wieder in den Kessel zurück. Solche Geräte verfügen meist über einen mindestens 500 ml fassenden Kessel und bieten ausreichend Spielraum auch bei mehreren Espressi hintereinander. Der vertikale Kessel ermöglicht einen enormen Dampfdruck.

BAZZAR A1 LIVELLO
*Mit der berühmten Faema-Brühgruppe und Füllstandsanzeige für den Kessel.*

Der massive Brühkopf aus verchromtem Messing muss aktiv beheizt werden. Durch einen ausgeklügelten Aufbau wird die sogenannte Präinfusion ermöglicht. Vor dem eigentlichen Druckaufbau wird Wasser auf das Kaffeemehl geleitet, wodurch es leicht aufquillt. Dadurch wird eine bessere Extraktion gewährleistet.

FAEMA E61-Brühgruppe mit Präinfusion

# FUNKTIONSWEISE

*vereinfachte schematische Darstellung*

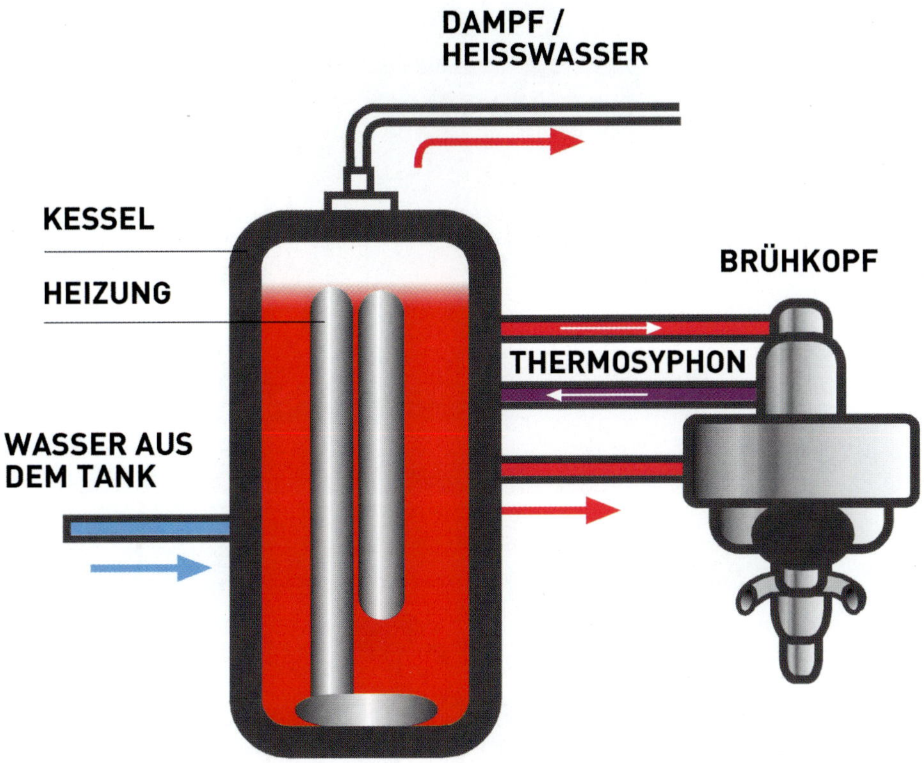


Kaltes Wasser wird aus dem Tank in den Kessel gepumpt und dann zum Brühkopf geleitet. Im Normalbetrieb wird das Wasser im Kessel auf ca. 106 bis 115 °C erhitzt. Die Dampfentnahme erfordert ein zusätzliches Aufheizen auf ca. 130 °C. Der Thermosyphon dient der aktiven Beheizung der schweren Brühgruppe, dabei wird heißes Wasser zum Brühkopf geleitet, verliert etwas Wärme an den Brühkopf und fließt durch diesen Temperaturunterschied wieder in den Kessel zurück.

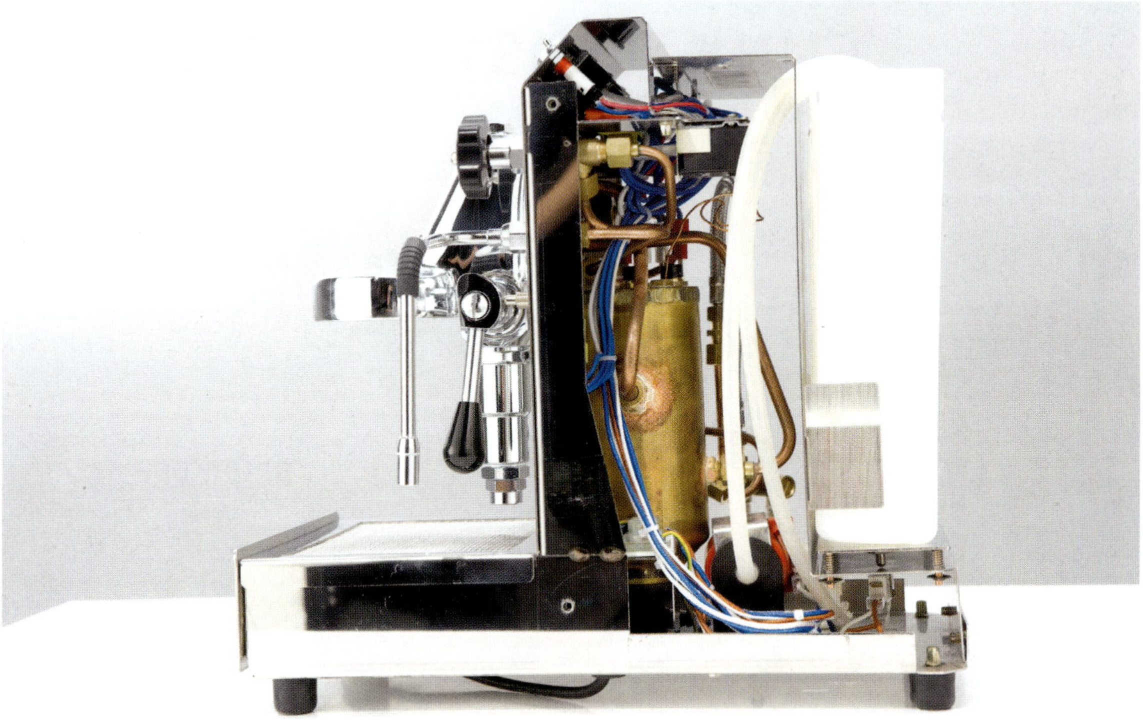

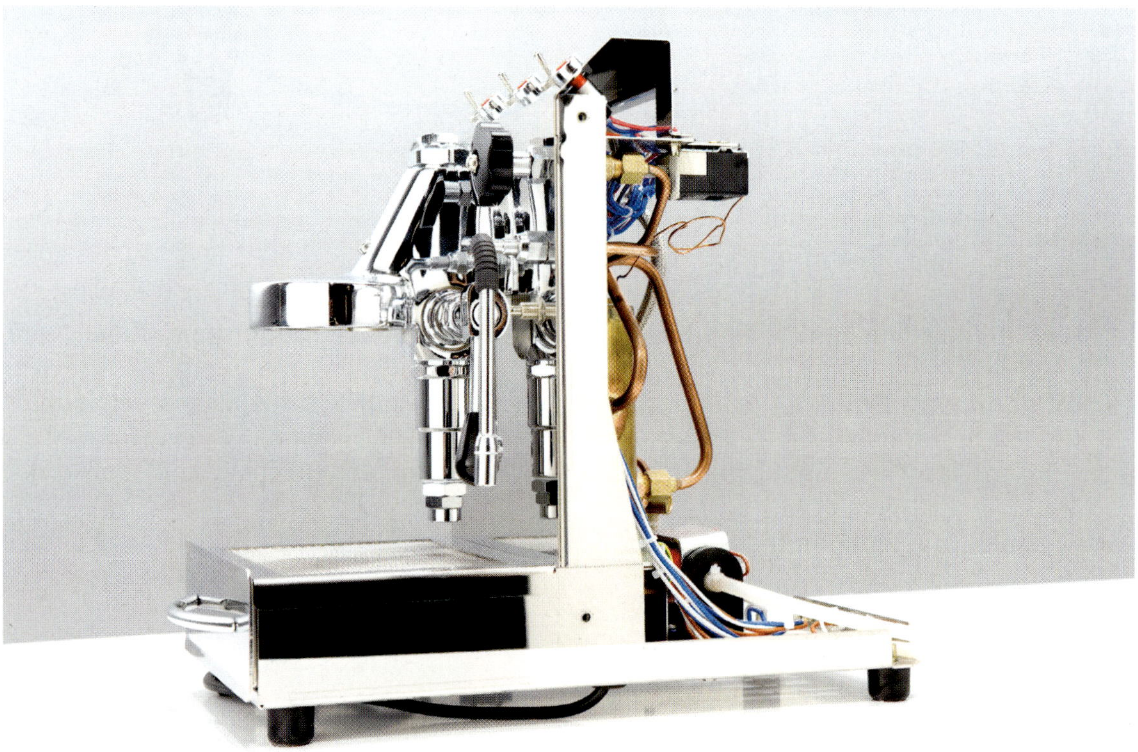

# HAUPTELEMENTE

*am Beispiel der Bazzar A1 Livello*

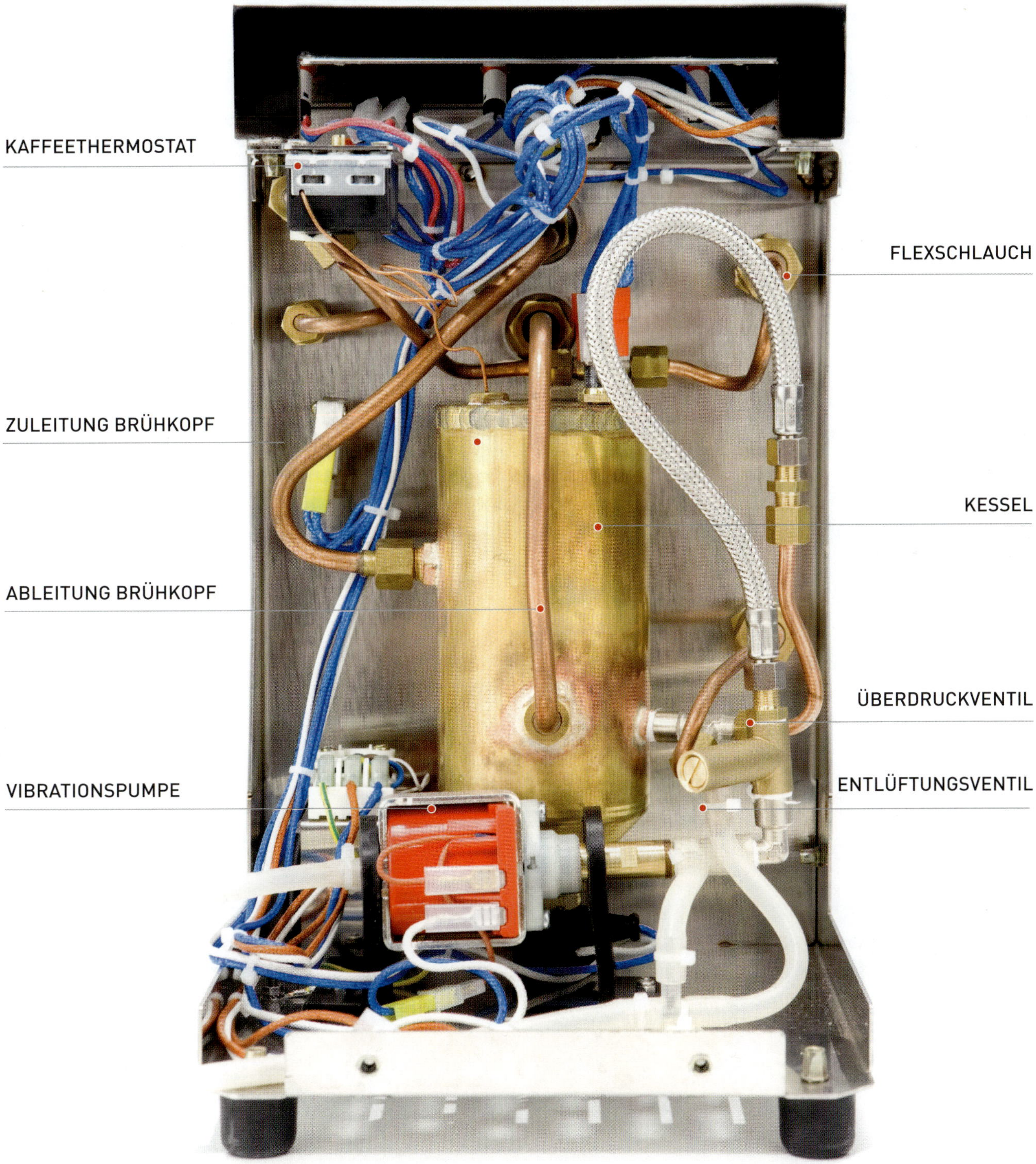

DAMPFTHERMOSTAT
ÜBERHITZUNGSSCHUTZ
TEMPERATURFÜHLER
TAUCHHÜLSE

ÜBERDRUCKVENTIL
ENTLÜFTUNGSVENTIL

WASSER AUS DEM TANK
WASSER ZURÜCK IN DEN TANK

## DAMPFTHERMOSTAT

Der Dampfthermostat sitzt oben am Kessel und schaltet je nach verwendetem Thermostat bei ca. 125-140°C. Er wird bei Bedarf durch den Dampfschalter aktiviert und schaltet die Heizung bei der gewünschten Temperatur ab.

## ÜBERHITZUNGSSCHUTZ

Diese Sicherheitseinrichtung ist leider keine Selbstverständlichkeit. Der Überhitzungsschutz dient dazu, die Heizung abzuschalten, wenn einer der anderen Thermostate defekt ist. Üblicherweise werden 165°C-Thermostate verwendet, die nach dem Auslösen die Heizung komplett abschalten. Der rote Knopf springt dabei heraus und unterbricht die Stromzufuhr zur Heizung. Erst wenn der Knopf wieder heruntergedrückt wird, lässt sich die Heizung wieder in Betrieb nehmen.

## TEMPERATURFÜHLER

Der Temperaturfühler ist ein Stift aus Kupfer, der mit einer speziellen Flüssigkeit gefüllt ist. Eine Kapillarleitung führt zum einstellbaren Kaffeethermostaten. Er wird in den Kessel eingeführt und misst dort die Wassertemperatur.

## TAUCHHÜLSE

Die Tauchhülse ist ein hohles Röhrchen aus Kupfer, das in den Kessel eingeschraubt wird. Es dient zur Aufnahme des Temperaturfühlers.

## ÜBERDRUCKVENTIL

Das einstellbare Überdurckventil dient dazu, den maximalen Brühdruck zu regulieren. Ab einem einstellbaren Druck öffnet das Ventil und leitet den überschüssigen Teil des Wassers wieder zurück in den Tank. Üblicherweise wird das Überdurckventil auf 10-12 Bar justiert.

## ENTLÜFTUNGSVENTIL

Das Entlüftungsventil dient dazu, durch die Pumpe angesaugte Luft abzuleiten. Das kann passieren, wenn das Gerät nicht über eine Tankabschaltung verfügt und leer läuft. Wird Luft durch die Pumpe angesaugt, kann diese durch den Gegendruck ansonsten kein Wasser mehr in den Kessel befördern.

# WÄRMETAUSCHER-SYSTEME

Das Wärmetauscherprinzip funktioniert folgendermaßen: Ein meist horizontaler Kupferkessel ist zu zwei Dritteln mit Wasser gefüllt, das konstant auf ca. 120 °C erhitzt wird. Im oberen Bereich befindet sich dadurch immer Dampf, der zum Aufschäumen der Milch verwendet werden kann. Durch das heiße Wasser führt eine separate Kupferleitung, der sogenannte Wärmetauscher. Durch diese Leitung wird kaltes Wasser aus dem Tank der Maschine mittels einer elektrischen Pumpe geführt.

Der Wärmetauscher ist so konzipiert, dass das kalte Wasser beim Durchfließen auf ca. 88 bis 96 °C erhitzt wird. Dadurch ist es möglich, gleichzeitig einen Kaffee zuzubereiten und Milch aufzuschäumen. Das Gerät muss nicht mehr auf Dampftemperatur hochheizen und anschließend auch nicht mehr entlüftet werden. Wenn überwiegend Cappuccino, Milchkaffee oder Latte macchiato gewünscht wird, bieten solche Geräte höchsten Bedienkomfort. Dieses System findet auch in den meisten Gastronomiemaschinen Verwendung.

Da bei dieser Technik das Wasser, das sich im Wärmetauscher befindet, nach einer gewissen Zeit natürlich ebenfalls auf 120 °C erhitzt wird, sollte man auch bei solchen Maschinen vor dem Einspannen des Kaffeemehls immer etwas Wasser aus der Brühgruppe laufen lassen.

BAZZAR A3 LIVELLO S
*Wärmetauschermodelle besitzen manchmal zwei Manometer: für Kessel- und Pumpendruck*

Dadurch wird das zu heiße Wasser aus dem Wärmetauscher abgegeben, sodass wieder eine optimale Wassertemperatur zur Espressozubereitung gewährleistet ist. Das Kesselvolumen variiert normalerweise zwischen 1,2 und 2,8 l. Auch bei Wärmetauschern bestimmt das Kesselvolumen in erster Linie das Dampfvermögen. Hier gilt wieder: Je größer der Kessel, desto länger bleibt der Dampfdruck ohne spürbaren Verlust erhalten.

# FUNKTIONSWEISE

*vereinfachte schematische Darstellung*

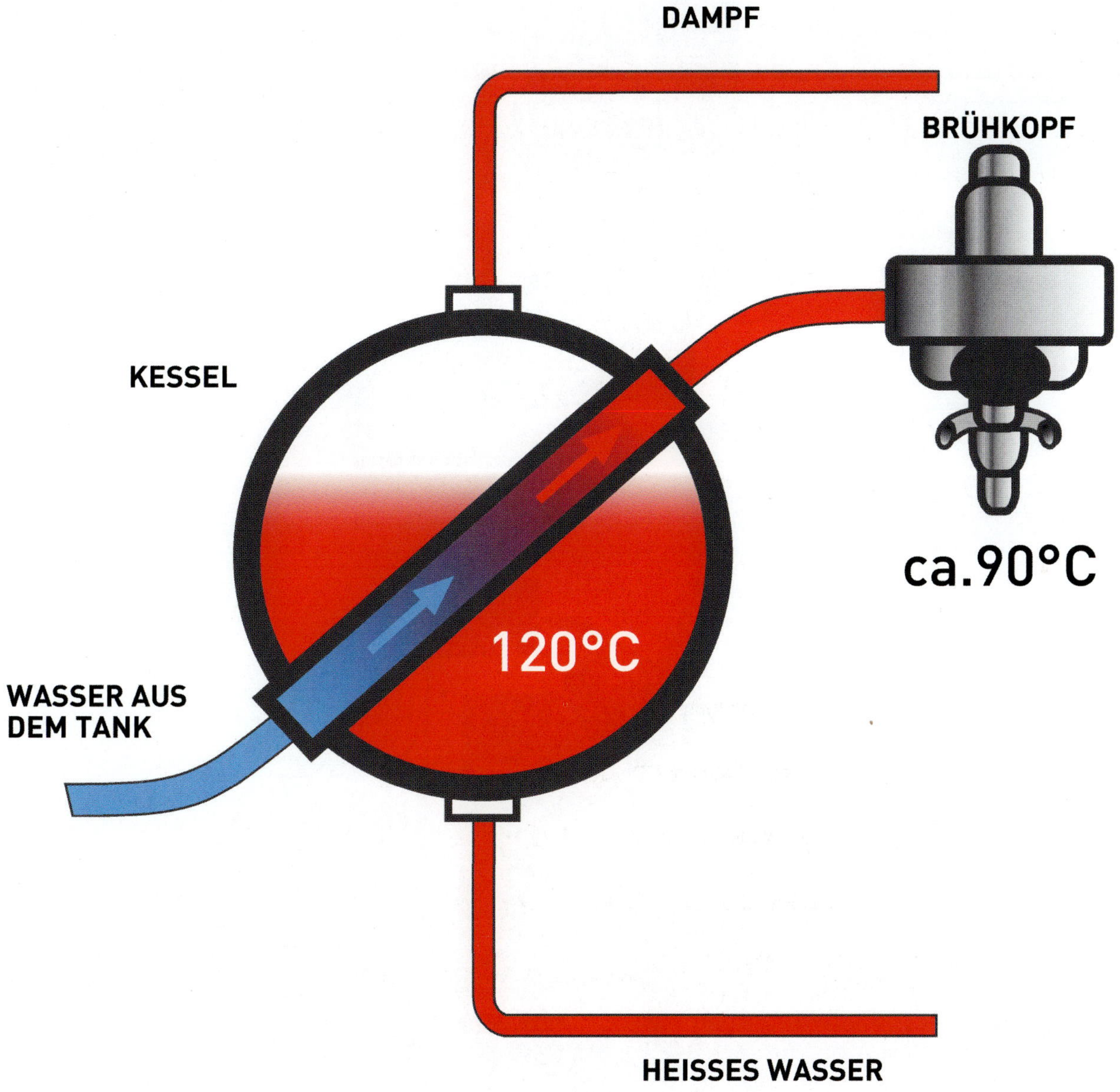


Kaltes Wasser wird aus dem Tank in einer separaten Leitung durch ca. 120 °C heißes Wasser im Kessel geleitet. Dabei wird es auf die optimale Temperatur von ca. 90 bis 95 °C erhitzt. Auch hier sorgt das Thermosyphonprinzip für einen heißen Brühkopf.

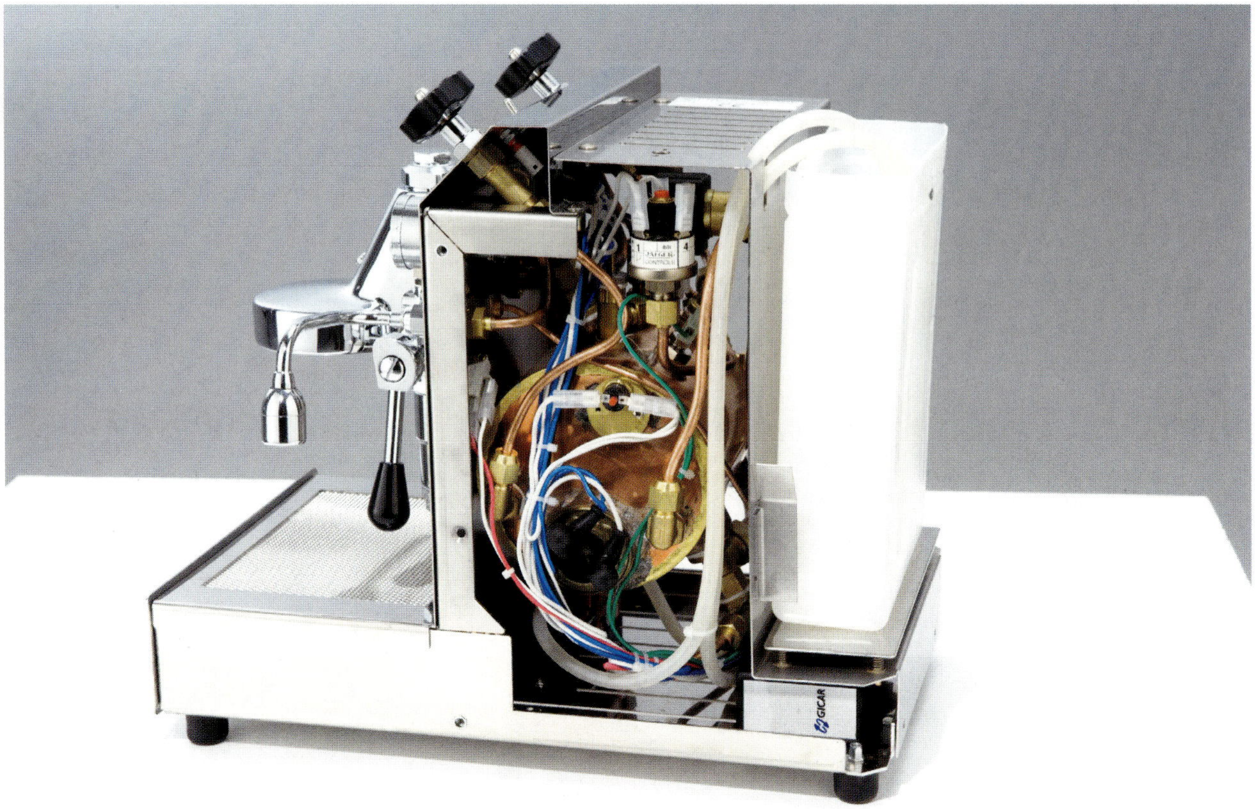
GICAR

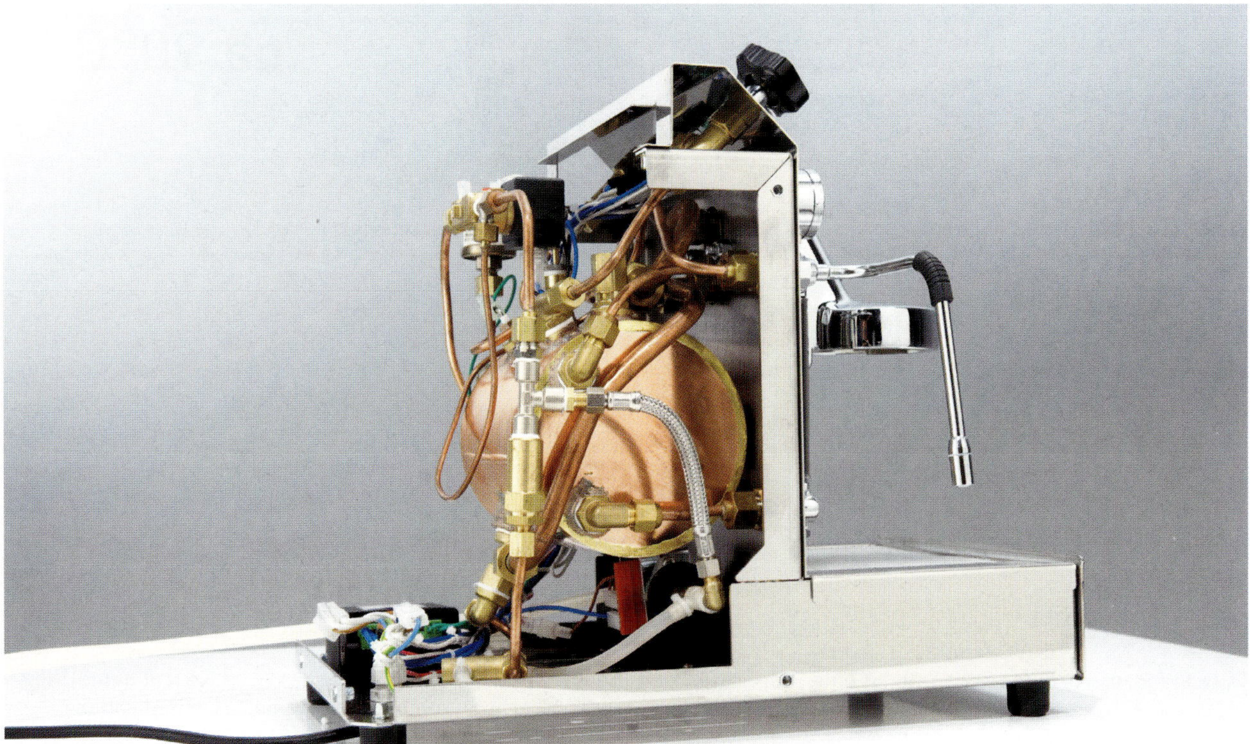

# HAUPTELEMENTE

*am Beispiel der Bazzar A3 Livello S*

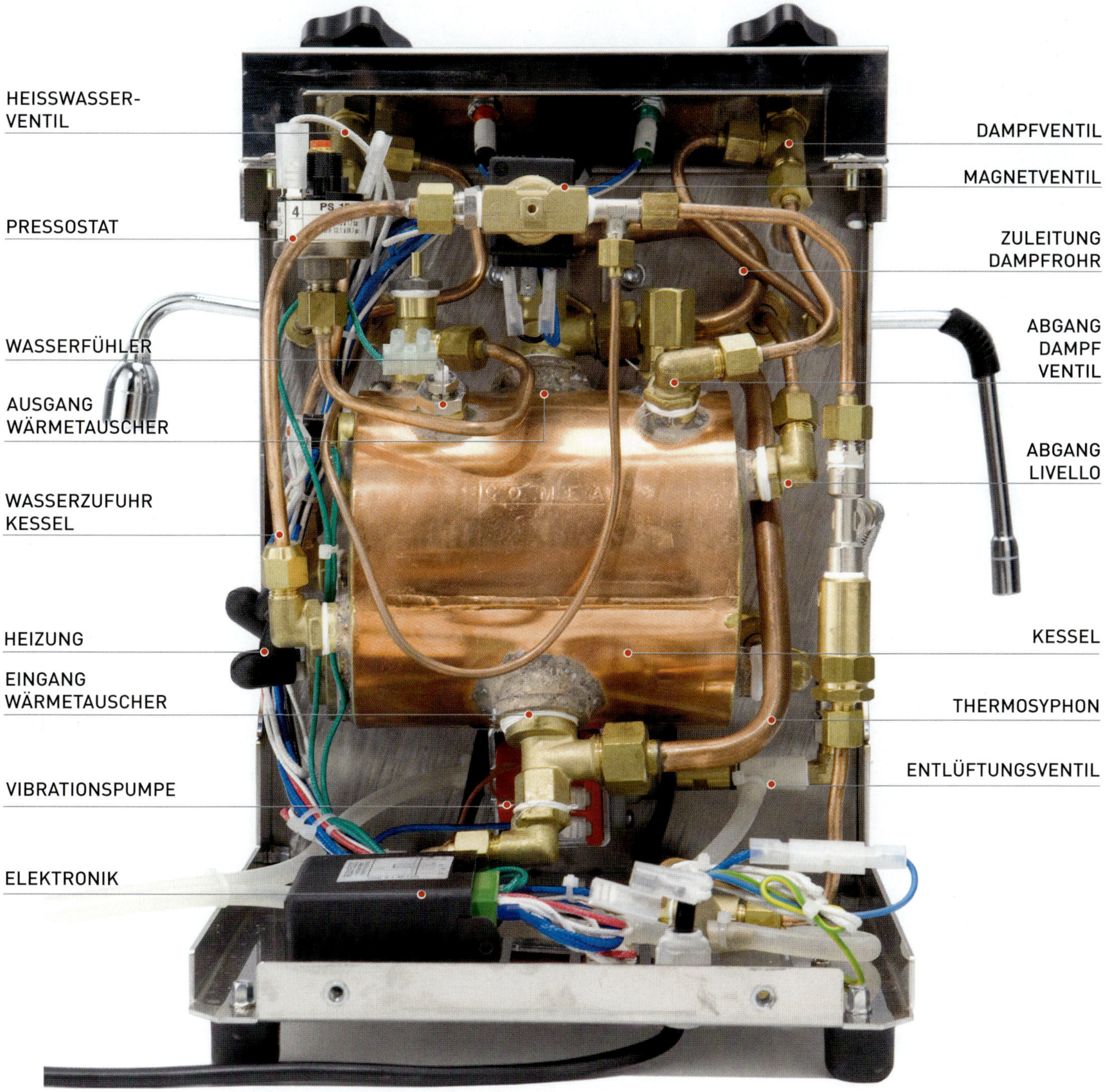

PRESSOSTAT

KALTLUFTVENTIL
WASSERFÜHLER

MAGNETVENTIL
WASSERZULEITUNG BRÜHKOPF
THERMOSYPHON
SICHERHEITSVENTIL

## PRESSOSTAT

Bei Wärmetauschergeräten übernimmt die Steuerung der Heizung der Pressostat. Anders als bei einem Thermostat, bei dem die Wassertemperatur gemessen wird, misst der Pressostat den Druck im Kessel. Bei ca. 1 Bar Druck im Kessel hat das Wasser eine Temperatur von ca. 120°C.

## KALTLUFTVENTIL

Beim Aufheizen aus kaltem Zustand kann sich im Kessel ein Unterdruck bilden, wenn er geschlossen ist und der entstehende Druck nicht abgelassen wird. Das Kaltluftventil sorgt dafür, dass dieser Druck entweichen kann, und schließt danach den Kessel, damit die Maschine weiter aufheizen kann.

## WASSERFÜHLER

Der Wasserfühler ist ein Metallstab, der in den Kessel hineinragt und dort den Wasserstand misst. Solange der Stab Kontakt mit dem Wasser hat, ist der Messkreis geschlossen, sobald der Wasserstand im Kessel sinkt, wird der Kreis unterbrochen und die Elektronik sorgt für ein Nachfüllen des Kesselwassers, indem sie das Magnetventil öffnet und die Pumpe aktiviert.

## MAGNETVENTIL

Das Magnetventil öffnet den Wasserzufluss in den Kessel, um das Brauchwasser nachzufüllen. Ist es geschlossen, fließt das Wasser zum Wärmetauscher, um Kaffee zu beziehen.

## SICHERHEITSVENTIL

Sollte der Pressostat nicht richtig funktionieren und die Heizung nicht abschalten, kommt das Sicherheitsventil ins Spiel: Es öffnet ab einem Kesseldruck von ca. 2 Bar.

## ELEKTRONIK

Die Elektronik in solchen Geräten dient als Empfangszentrale für zwei Sensoren in der Maschine: den Wasserfühler und den Tankschalter. Wird der Messkreis am Wasserfühler beispielsweise unterbrochen, sorgt die Elektronik dafür, dass das Magnetventil in den Kessel freischaltet und gleichzeitig die Pumpe läuft, bis der Wasserfühler wieder Kontakt bekommt. Ist der Tankschalter ausgeschaltet, fehlt also Wasser im Wassertank, werden sämtliche Funktionen der Maschine deaktiviert, um ein Leerlaufen zu verhindern.

# DOPPELBOILER-SYSTEME

Maschinen mit Doppelboilersystemen verfügen über separate Kessel für die Kaffee- und Dampferzeugung. Dieser Aufbau ermöglicht es, die jeweils benötigte Temperatur konstant zur Verfügung zu stellen. Der eine Kessel erhitzt das Wasser auf ca. 95 °C, der andere heizt auf Dampftemperatur bei ca. 120 bis 125 °C.

Aufgrund des aufwendigeren Aufbaus und der damit verbundenen höheren Kosten gibt es kaum Geräte für den Haushalt. Das Modell „Tecno“ des französischen Herstellers Reneka beispielsweise ist eher eine Maschine für den kleingastronomischen Einsatz, sie muss über einen Festwasseranschluss betrieben werden und verfügt über eine kleine Rotationspumpe.

Eine kostengünstigerer Alternative bietet der spanische Hersteller Crem mit seinem Modell „Brewtus“ an, bei dem die Brühtemperatur elektronisch über eine PID-Kontrolle eingestellt werden kann. Die Verarbeitung ist allerdings, wohl aus Kostengründen, etwas bescheidener ausgefallen. Der italienische Produzent Vibiemme hat ebenfalls ein neues Doppelboilermodell auf Basis seiner Domobar Super-Reihe vorgestellt, ebenfalls mit PID-Steuerung.

TECNO von RENEKA

*Die beiden Kessel sind mit silbernem Dämmmaterial umwickelt, um durch die bessere Isolierung den Wärmeverlust zu reduzieren. Die Rotationspumpe und der Flowmeter sind Komponenten aus dem Gastronomiebereich. Der Flowmeter misst die Wassermenge, die zum Brühkopf fließt, und ermöglicht so eine elektronische Füllmengendosierung.*

So verlockend die Möglichkeit der genauen Einstellung der Brühtemperatur sein mag, so sollte auch in Betracht gezogen werden, dass der Pflegeaufwand solcher Systeme den der meisten anderen übersteigt. Eine Entkalkung beispielsweise gestaltet sich aufgrund der beiden Kessel deutlich aufwendiger, für den „Normalbenutzer“ ist die Durchführung meist sogar unmöglich.
Eine sehr gewissenhafte konstante Wasseraufbereitung und die entsprechende Reduzierung des Kalkgehalts ist daher bei Doppelboilersystemen Pflicht.

Die PID-Steuerung (Proportional-Integral-Differential) ist eine sehr genaue Mess- und Regeltechnik, die über einen Algorithmus die nötige Heizdauer ermittelt, um die Brühtemperatur möglichst konstant zu halten. Diese aufwendige Technik ist sehr viel genauer als herkömmliche Thermostate oder Pressostate, allerdings auch entsprechend kostspieliger. Ihr Einsatz in Haushaltsgeräten ist bislang daher noch selten, auch weil diese Technik der Temperaturregulierung im Espressomaschinenbereich vergleichsweise neu ist.

VIBIEMME DOMOBAR SUPER
*Solides Haushaltsgerät mit Doppelboiler und PID-Steuerung.*

# PADSYSTEME

Neben der Temperatur und der Druckerzeugung sind für das Gelingen eines Espresso der Mahlgrad, die Dosierung und die Frische des Kaffeemehls entscheidend. Um diese Variablen in der Espressoproduktion konstant zu halten und Bedienungsfehler zu reduzieren, entwickelte der italienische Röster Illy ein System, um bereits gemahlenen Kaffee in der optimalen Dosierung für eine Portion zu verpacken. Der frisch gemahlene Kaffee wird dabei in ein vliesartiges Filterpapier gepackt, entsprechend getampert, also festgestampft, und dann in einzelnen Folien luftdicht verpackt.

Mittlerweile bieten etliche Hersteller solche sogenannten „Pads" oder „Cialde" an. Allerdings sind die Größen, der Mahlgrad und die Dosierung nicht immer standardisiert, sodass die Ergebnisse teils erheblich variieren. Außerdem werden durch das Filterpapier Aromastoffe und Öle zurückgehalten, und ein leichter Papiergeschmack wird an den Espresso abgegeben.

Auf Kaffeemehl ausgerichtete Siebträgermaschinen lassen sich zwar mit einem entsprechenden Filtereinsatz für Pads nachrüsten, allerdings müsste in den meisten Fällen auch der Brühkopf modifiziert werden, um eine optimale Abdichtung um das Pad herum zu gewährleisten. Das Wasser sucht sich immer den geringsten Widerstand; wenn die Abdichtung nicht zuverlässig funktioniert, läuft das Wasser teilweise einfach am Pad vorbei.

Manche Hersteller bieten daher auch einen Umbausatz für den Brühkopf an, wobei direkt an der Dusche eine Gummidichtung eingebaut ist. Der Vorteil solcher Pads ist sicherlich die einfachere und sauberere Handhabung und der Wegfall einer sonst erforderlichen Espressomühle.

Für ambitionierte Espressoliebhaber überwiegen allerdings die Nachteile. Die individuelle Einflussnahme wird beschnitten, die Portionen sind alle einzeln in Folie verpackt, und man ist auf bestimmte Hersteller angewiesen, mit denen

das Ergebnis akzeptabel ist. Außerdem kann immer nur ein Espresso gleichzeitig erzeugt werden, und auch der Preis für solche Einzelportionen übersteigt meist auf das Kilo hochgerechnet den sehr exklusiver Espressomischungen.

PADSYSTEME

*Spezielle Maschinen verfügen über einen entsprechend angepassten Brühkopf und Siebeinsatz, um das Wasser auch wirklich durch den Pad zu leiten.*

# KAPSELSYSTEME

Auch Kapselsysteme sollen die Produktion eines Espresso vereinfachen. Hierbei wird gemahlenes Kaffeemehl im Gegensatz zu Pads nicht in Papier, sondern in eine Kunststoff- oder Aluminiumkapsel gefüllt. Hersteller wie Lavazza oder Nespresso produzieren solche Kapseln, die nur in speziellen Espressomaschinen zubereitet werden können, die für die jeweiligen Kapseln zugeschnitten sind. Auch bei diesen Systemen kann immer nur ein Espresso gleichzeitig zubereitet werden, und die Portionen sind einzeln verpackt.

Bei beispielsweise ca. 1,7 Milliarden verkauften Nespresso-Kapseln 2005 ergibt das einen nicht unerheblichen Verbrauch des Hochenergie-rohstoffs Aluminium. Zwar sind die Kapseln recycelbar, allerdings gibt es bisher nur in der Schweiz ein entsprechendes Sammelsystem. Auch bei diesen proprietären Systemen begibt man sich in die Hand eines einzigen Herstellers und somit seiner Preisgestaltung, da die Kapseln patentiert und damit anderen Produzenten unzugänglich sind.

KAPSELSYSTEME
*Einfache Handhabung, gleichbleibendes Ergebnis, aber recht teuer und monopolisiert.*

# ESPRESSO-BOHNEN

Die besondere Zubereitungsart eines Espresso verlangt auch nach einer besonderen Röstmethode des Rohkaffees. Jeder, der schon einmal versucht hat, einen normalen Filterkaffee in einer Espressomaschine zuzubereiten, wird dies nachvollziehen können. Durch den höheren Druck und die optimale Temperatur werden bei der Espressozubereitung die Bestandteile des Kaffees intensiver gelöst, sodass ein zu hoher Säuregehalt in der Bohne auch im Getränk landet und es somit ungenießbar macht. Was unterscheidet aber nun einen „Espressocaffè" von einem herkömmlich gerösteten „Filterkaffee" genau? Es ist in erster Linie das besondere Röstverfahren und insbesondere die Röstdauer, die den Hauptunterschied ausmacht, ferner auch der verwendete Rohkaffee.

# DIE KAFFEEPFLANZE

Die Kaffeepflanze ist ein Strauch der Gattung Coffea und gehört zur Pflanzenfamilie der Rubiazeen. Ihr Anbau ist in einem tropischen Gürtel um den Äquator zwischen dem Wendekreis des Krebses und des Steinbocks möglich. Aus den befruchteten Blüten reifen in sieben bis neun Monaten die Früchte, die in ihrem Aussehen an Kirschen erinnern. Das Fruchtfleisch der Kaffeekirsche beherbergt zwei Samen, die eigentlichen Kaffeebohnen, die durch eine Pergamenthaut und das sogenannte Silberhäutchen geschützt werden. Es gibt insgesamt ca. 6.000 verschiedene Arten, von denen jedoch nur zwei wirtschaftliche Bedeutung haben: **Arabica** und **Robusta**.

Die **Arabica-Pflanze** macht ca. 60 % der weltweit angebauten Kaffeepflanzen aus und wächst überwiegend in Höhenlagen zwischen 600 bis 2.000 m über dem Meeresspiegel. Sie ist empfindlicher gegenüber Schädlingen und zu hohen Temperaturen, jedoch milder, aromatischer und qualitativ hochwertiger als die Robusta. Ihr Koffeingehalt beträgt nur ca. 1,1 bis 1,7 %, auch der Anteil an Chlorogensäure ist gegenüber dem der Robusta reduziert.

**Die Robusta-Pflanze** hingegen kommt auch mit höheren Temperaturen zurecht, ist widerstandsfähiger gegenüber Schädlingen und wächst auch schon in Höhen ab 200 bis 600 m. Ihr Koffeingehalt beträgt allerdings 2 bis 4,5 %, der Geschmack ist kräftig, bitter und holzig. Der Preis für Arabica-Bohnen auf dem Weltmarkt ist durch den aufwendigeren Anbau und den etwas niedrigeren Ertrag in der Regel deutlich höher.

# ERNTE UND AUFBEREITUNG

Die Kaffeepflanze kann gleichzeitig Blüten und reife Früchte tragen, daher werden in vielen Anbaugebieten für qualitativ hochwertige Sorten die reifen Kaffeekirschen per Hand vom Strauch gepflückt (Picking). Lediglich in Brasilien ist die maschinelle Ernte in manchen Anbaugebieten verbreitet. Bei der sogenannten „Strip-Pflückung“ wird der komplette Strauch geerntet und anschließend sortiert. Danach müssen die Kaffeebohnen aus dem Fruchtfleisch der Kirsche herausgelöst werden, was entweder trocken oder nass erfolgt und einen entscheidenden Einfluss auf das Aroma des Kaffees nimmt.

Bei der **NASSEN AUFBEREITUNG** werden die Kaffeekirschen in Quellwasser vorsortiert, danach maschinell vom Fruchtfleisch befreit und anschließend in Becken gesammelt, in denen ein Fermentationsprozess stattfindet, der die restlichen Hüllen von den Kaffeebohnen löst. Dieser durch Enzyme in der Kaffeebohne eingeleitete Prozess dauert ca. 12 bis 36 Stunden. Nass aufbereitete Kaffees verfügen über eine sehr feine Säure und ein breites Aromaspektrum.

Bei der **TROCKENEN AUFBEREITUNG** werden die geernteten Kaffeekirschen auf riesigen Flächen ausgebreitet und so lange unter regelmäßigem Wenden getrocknet, bis sich die äußeren Hüllen der Kaffeebohnen rückstandsfrei abschälen lassen. Der Trocknungsprozess dauert allerdings drei bis fünf Wochen und erfordert ein entsprechend trockenes und warmes Klima.

Die **HALBTROCKENE AUFBEREITUNG** kombiniert beide Verfahren, es findet allerdings keine Gärung statt.

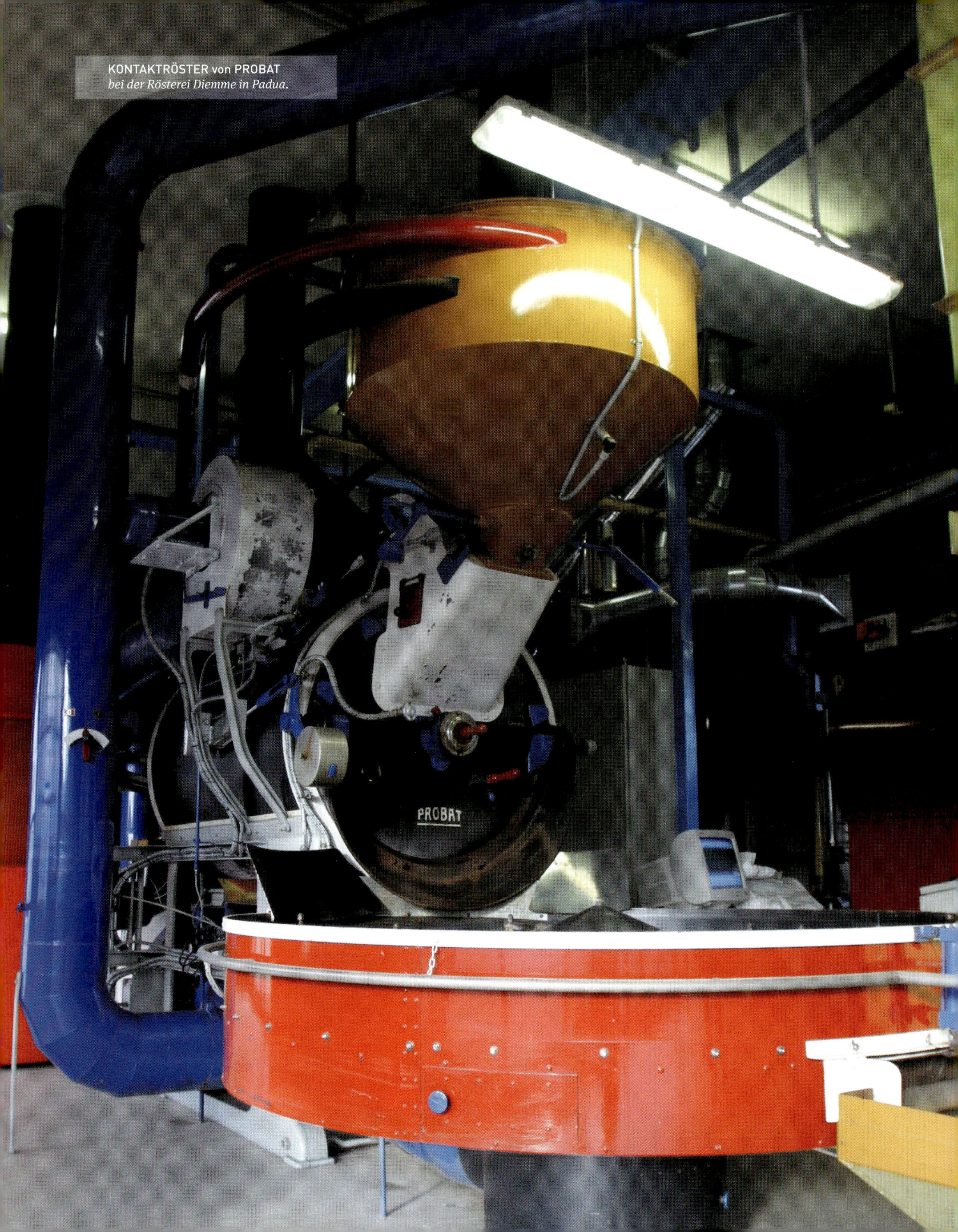


KONTAKTRÖSTER von PROBAT
*bei der Rösterei Diemme in Padua.*

# RÖSTUNG

Bei der Röstmethode unterscheidet man das Kontakt- und das Konvektionsverfahren. **Das Konvektions- oder auch Heissluftverfahren** wird überwiegend großindustriell betrieben, da sich damit größere Mengen wirtschaftlicher rösten lassen. Dabei umströmt ein Heizgas bei sehr hohen Temperaturen die Kaffeebohne und ermöglicht so extrem kurze Röstzeiten von 1,5 bis 10 Minuten. Die Bohnen durchfahren die Rösttrommel auf einer Transportschnecke, sodass kontinuierlich geröstet werden kann.

Beim traditionellen **Kontaktröstverfahren** hingegen wird der Grünkaffee in einer geschlossenen, rotierenden Trommel geröstet, wobei die nötige Hitze von außen zugeführt wird. Es ist dadurch nur möglich, in bestimmten Chargen nacheinander zu rösten. Die anschließende Kühlung erfolgt durch kalte Luft, manchmal werden die Bohnen allerdings auch mit Wasser abgeschreckt, um den Röstvorgang abrupt zu beenden.

Die Röstung bei Temperaturen zwischen 100 und 260 °C entzieht der Kaffeebohne das enthaltene Wasser, ihr Volumen verdoppelt sich. Erst bei der Röstung entsteht das typische Aroma des Kaffees. Je nach Röstgrad und Verfahren können Öle austreten, die Farbe verändert sich von blassgrau zu dunkelbraun.

**Langzeitröstungen** von 11 bis 20 Minuten sollten für Espressocaffès bevorzugt werden, da der Wasser- und Säuregehalt mit der Dauer der Röstung weiter abnimmt. Die feinen Aromen können sich bei niedrigeren Temperaturen voll entwickeln.

**VERSCHIEDENE QUALITÄTEN UND RÖSTGRADE**

*oft reicht eine genauere Betrachtung der Bohnen aus, um minderwertige Mischungen zu erkennen.*

*sortenreiner Arabica AA-Qualität, Mexiko*

*Arabica-Mischung mittlerer Qualität*

*sortenreiner Arabica AA-Qualität, Kolumbien*

*ausgewogene Mischung, gleichmäßiges Röstbild*

*ausgewogene Mischung*

*Mischung verschiedener Sorten, erhöhter Robusta-Anteil, unterschiedliches Röstbild*

*Robustalastige Mischung, teils winzige Bohnen sehr ungleichmäßiges Röstbild von sehr hell bis fast schwarz*

# QUALITÄTEN UND RÖSTGRADE

Ein klassisch italienischer Espressocaffè besteht meist aus einer Mischung verschiedener Arabica- und Robusta-Sorten, um ein abgerundetes und ausgewogenes Aromaspektrum zu erreichen. Zahlreiche Spezialitätenröster zeigen allerdings mittlerweile, dass auch durchaus mit sortenreinen Arabicas einer einzigen Herkunft faszinierend vielschichtige Espressocaffès entstehen können.

Die Qualitäten von Rohkaffee werden nach der Größe der Bohnen und der Gleichmäßigkeit der Auslese ermittelt und in entsprechende Kategorien unterteilt. Dadurch können von ein und derselben Plantage Rohkaffees höchst unterschiedlicher Qualität entstammen und sich somit auch im Preis unterscheiden. Die Qualität eines Kaffees lässt sich durchaus zunächst optisch gut einschätzen, die Bohnengröße und ihre Gleichmäßigkeit sind ein erster Anhaltspunkt. Eine gleichmäßige Bohnengröße ermöglicht erst eine gleichmäßige Durchröstung der Bohnen.

Schaut man sich die Mischung noch genauer an, wird man erkennen, ob beispielsweise viele gebrochene Bohnen das einheitliche Bild stören. Von Kaffeekäfern befallene Bohnen sollten eigentlich bei der Aufbereitung aussortiert werden, in vielen Kaffees sind sie dennoch zu finden. Sie stellen zwar kein Gesundheitsrisiko dar, dennoch schmälern sie die Qualität. Heller geröstete Kaffees können mehr Säure enthalten und vertragen keine allzu hohen Wassertemperaturen.

*Das Geheimnis des*

# MILCH-SCHAUMS

Für viele Menschen beginnt der Tag mit einem herrlichen, großen Milchkaffee oder Cappuccino zum Frühstück. Der reine und pure Espresso kommt erst später am Tag zum Zuge. Nachdem wir uns also bereits der perfekten Zubereitung von Espresso gewidmet haben, wenden wir uns nun der virtuosen Behandlung von Espresso-Milch-Spezialitäten zu. Denn es geht auch hier um die einzigartige sensorische Erfahrung, die uns diese Getränke bereiten, wenn sie mit Liebe und Erfahrung zubereitet werden. Das Aufschäumen der Milch ist nicht nur ein kosmetischer Aspekt, sondern verändert die Milch auch in ihrer physikalischen Struktur und damit in ihrem Geschmack entscheidend. Die in diesem Kapitel vorgestellten Workshops führen Sie schrittweise bis zur absoluten Königsdisziplin – der Latte Art, dem kunstvollen Gießen von Mustern auf Milch.

# DAS WERKZEUG

## THERMOMETER

Am Anfang kann es hilfreich sein, wenn ein spezielles Thermometer für Milchkännchen zum Einsatz kommt. Damit lässt sich die Milchtemperatur sehr genau kontrollieren. Es ist allerdings nicht zwingend notwendig, wenn man die folgende Faustregel verinnerlicht: Die Milch sollte nur so stark erhitzt werden, dass man das Milchkännchen gerade noch mit der bloßen Hand außen berühren kann. Dann ist die optimale Temperatur von ca. 70 °C erreicht.

## SCHWAMMTUCH

Spendieren Sie dem Dampfrohr Ihrer Maschine ein eigenes Schwammtuch, mit dem ausschließlich das Dampfrohr nach erfolgtem Aufschäumen abgewischt wird. Wenn Sie dies von Anfang an beherzigen, werden Sie nie Probleme mit eingetrockneten Milchresten am Dampfrohr bekommen. Feuchten Sie dazu das Tuch leicht an und spülen Sie es anschließend gründlich aus.

## LÖFFEL

Ein normaler Esslöffel sollte in der Lernphase immer griffbereit liegen. Er kann hilfreich sein, um den Schaum beim Ausgießen etwas zurückzuhalten bzw. ihn anschließend in die Tasse zu befördern. Gerade bei voluminösem, festem Schaum ist ein Löffel von großem Vorteil. Für das Schäumen der Milch für Latte Art ist ein Löffel nicht erforderlich.

## MILCHKÄNNCHEN

Aber warum überhaupt ein Milchkännchen? Ganz klar: Hier in diesem Teil geht es eben nicht nur darum, Milch zu erhitzen, das kann man auch in einem Topf auf dem Herd oder in der Mikrowelle. Das Material der Wahl ist Edelstahl, und das aus zwei Gründen: Zum einen lässt sich bei einem Milchkännchen aus Edelstahl die Temperatur von außen sehr genau überwachen – besser als bei anderen Materialien. Das ist wichtig, damit die Milch nicht zu stark erhitzt wird. Zum anderen ist es leicht zu reinigen, bei Milch ein nicht unerheblicher Vorteil.

| KESSELVOLUMEN | KANNENVOLUMEN |
|---|---|
| bis 300ml | 350-600ml |
| bis 750ml | 600-900ml |
| bis 2150ml | 600-1000ml |

Die richtige Größe des Milchkännchens richtet sich in erster Linie nach der Dampfkapazität Ihrer Espressomaschine. Bei kleinen Einsteigermaschinen sollte das Kännchen eine Kapazität von 0,6 l nicht überschreiten, bei größeren Maschinen hingegen sollte man mindestens ein 0,6 l Kännchen benutzen. Kännchen mit mehr als 1 l Volumen sind im Hausgebrauch eher unpraktisch, es sei denn, man muss eine ganze Gesellschaft bewirten. Welche Größe auch gewählt wird, das Kännchen sollte immer möglichst nur bis zur Hälfte befüllt werden. Nimmt man zu wenig Milch, erhitzt sie sich im Kännchen zu schnell, und man wird es schwerer haben, sich auf die richtige Schäumtechnik zu konzentrieren. Füllt man zu viel Milch ein, fehlt der Platz für den Schaum, und ein Herausschwappen der Milch wird begünstigt. Die Form des Kännchens sollte nach unten hin etwas bauchiger und oben mit einer spitz zulaufenden Ausgießtülle ausgestattet sein.

**Tipp: Wählen Sie die Grösse des Milchkännchens immer in Abhängigkeit von der Dampfleistung Ihrer Maschine.**

# DIE AUFSCHÄUMTECHNIK

Ein guter Tipp für den Anfang ist, dass man zunächst mit Wasser übt. So wird keine Milch unnötig verschwendet, und Sie können sogar sehen, was in der Flüssigkeit passiert. Füllen Sie einfach das Kännchen zur Hälfte mit Wasser und probieren Sie verschiedene Eintauchtiefen des Dampfrohrs aus. Die Position des Dampfrohrs, in der Luftbläschen ins Wasser verwirbelt werden, ist später auch bei der Milch für die Schaumbildung verantwortlich. Wenn das Dampfrohr etwas tiefer eingetaucht wird, entsteht kein Schaum mehr, die Flüssigkeit wird dann lediglich verwirbelt und erhitzt. Diesen Vorgang nennt man „Rollen". Auch das Rollen kann mit Wasser sehr gut geübt werden.

## ZIEHEN UND ROLLEN

Der Aufschäumvorgang lässt sich in folgende Phasen einteilen: in die sogenannte „Ziehphase" und in die „Rollphase". In der Ziehphase wird der Dampfdruck benutzt, um Luft in die Milch zu bringen. Das Dampfrohr darf dabei nur knapp unter die Milchoberfläche gehalten werden, und zwar am besten nicht direkt in die Mitte, sondern etwas weiter zum Rand des Milchkännchens hin. Man hört dabei ein typisch zischendes Geräusch. Je länger die Ziehphase gehalten wird, desto mehr Schaum wird erzeugt. Für Latte Art sollte die Ziehphase nur so lange dauern, bis die Milch ungefähr Körpertemperatur erreicht hat. Danach geht man in die „Rollphase" über. Dabei wird das Dampfrohr etwas tiefer in die Milch gehalten, sodass keine Luft mehr mit in die Milch gesogen wird. Das Rollen sorgt dafür, dass die entstandenen Luftbläschen immer wieder mit der kompletten Milchmenge verwirbelt und dadurch immer kleiner werden. Das Volumen der Milch verändert sich dabei nicht. Wichtig ist auch, dass das Dampfrohr wiederum nicht zu tief eingetaucht wird, denn sonst prallt der Dampf nur gegen den Boden des Kännchens, die Milch wird nicht komplett umgewälzt. Das lässt sich auch akustisch kontrollieren, denn dabei entsteht ein sehr lautes Geräusch. Die Rollphase sollte so lange gehalten werden, bis die optimale Milchtemperatur von ca. 70 °C erreicht ist. Man braucht nicht unbedingt ein Thermometer, sondern kann mit der freien Hand an der Wand des Milchkännchens die Temperatur kontrollieren. Genau zu dem Zeitpunkt, an dem das Milchkännchen etwas zu heiß wird, um es zu berühren, sollte man den Schäumvorgang beenden.

**Je länger die Ziehphase gehalten wird, desto mehr Schaum wird erzeugt. Das Rollen sorgt für die gleichmässige Verteilung der Schaumbläschen in der Milch, sehr wichtig für Latte Art.**

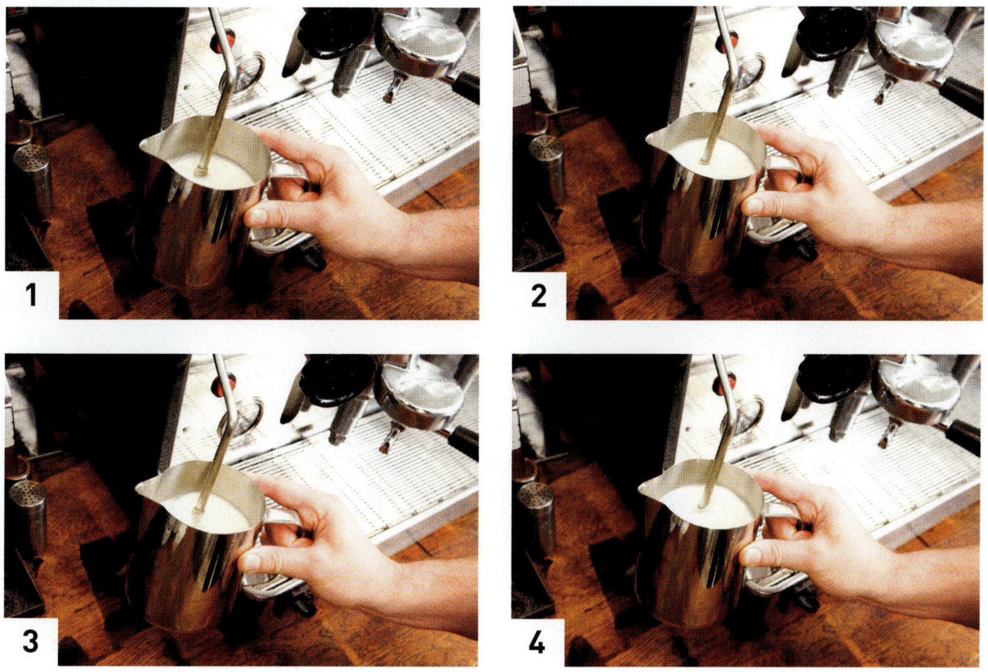

# DIE MILCH

Bei der Wahl der richtigen Milch scheiden sich die Geister. Die einen schwören auf fettarme H-Milch, weil sie angeblich am besten schäumt, die anderen setzen auf fettreiche, frische Bio-Milch, weil sie den besseren Geschmack hat. Eines gilt für alle Sorten: Kalt muss die Milch sein, am besten aus dem Kühlschrank!

Fett ist Geschmacksträger. Je mehr Fett die Milch enthält, desto weicher und voller ist auch der Geschmack eines Cappuccino oder Caffè Latte. Es geht hier in erster Linie um Genuss und nicht um die Zubereitung von diätetischer Kost. Trinken Sie lieber weniger Cappuccinos mit vollem Fettgehalt als zu viele mit fettarmer Milch. Kuhmilch ist in der Tat eine faszinierende Flüssigkeit, neben Wasser, Vitaminen und Mineralstoffen sind ihre Hauptbestandteile Laktose, also Milchzucker, Fett und Eiweiß. Leider fehlen dem erwachsenen Menschen die nötigen Enzyme, um Milch gut verdauen zu können. Das ist übrigens auch der Grund, warum Milch nachmittags nicht mehr in allzu großen Mengen getrunken werden sollte.

Die Laktose sorgt für den angenehmen, leicht süßlichen Geschmack von Milch. Sie ist schwerer löslich als andere Zuckerarten, wobei ein Erhitzen der Milch dafür sorgt, dass der süßliche Geschmack intensiviert wird. Der Fettgehalt von Milch variiert von 0 % bei völlig fettfreier Milch über 1,5 % bei fettarmer bis zu 3,5 oder 3,8 % bei Vollmilch. Wie eingangs schon erwähnt, spielt der Fettgehalt bei der sensorischen Wahrnehmung eine große Rolle: Fett ist ein entscheidender Geschmacksträger. Vollmilch schmeckt voller und weicher. Eigentlich sind die in der Milch enthaltenen Eiweiße für die Schaumfähigkeit der Milch verantwortlich.

Beim Aufschäumen passiert Folgendes: Durch den Dampf wird Luft in die Milch verwirbelt, und es bilden sich feine Bläschen. Das Verhältnis von Fett und Proteingehalt bestimmt die Art und Weise, wie die Milch schäumt. Fettarme Milch erzeugt mehr Milchschaumvolumen, der Schaum wird deutlich fester und voluminöser – wie Rasierschaum. Vollmilch hingegen lässt sich schwerer schäumen, erzeugt dafür aber einen wunderbar cremigen Milchschaum. Sojamilch lässt sich durch den hohen Eiweißgehalt ebenfalls sehr gut schäumen. Wem der Geschmack zusagt, der kann sie für alle Espressospezialitäten genau so benutzen wie Kuhmilch.

Welche Art Milchschaum bevorzugt wird, ist sicherlich auch Geschmackssache. Der feine, voluminöse und feste Milchschaum lässt sich zu wahren Schaumbergen auftürmen und ist sehr gut geeignet für einen Latte macchiato. Solcher Schaum ist aber für Latte-Art-Zeichnungen gänzlich ungeeignet; er dringt nicht in den Caffè ein, sondern setzt sich durch seinen höheren Luftanteil sofort auf der Oberfläche des Caffès ab. Der cremige und flüssigere Schaum hingegen besteht aus mikrofeinen Luftbläschen und dringt unter die Oberfläche des Caffès, eine wichtige Grundvoraussetzung für Latte Art.

- **Die Milch sollte kalt sein.**
- **Nach Möglichkeit 3,5% frische Vollmilch verwenden, sie hat den besten Geschmack.**
- **Fettarme Milch mit 1,5% Fettgehalt erzeugt voluminösen, festen Schaum.**
- **3,5% Vollmilch erzeugt cremigeren Schaum, gut geeignet auch für Latte Art.**

EDITION
CAFFÈ
DAMPF
bar

# MILCH SCHÄUMEN

Bei Einsteigermaschinen werden überwiegend kleine Kessel mit einem begrenzten Volumen eingesetzt. Der Vorteil ist die kurze Aufheizzeit, da weniger Wasser im Kessel erhitzt werden muss. Ein Nachteil ist, dass dadurch auch weniger Volumen für die Dampfproduktion zur Verfügung steht: Der volle Dampfdruck steht nur in den ersten ca. fünf bis zehn Sekunden zur Verfügung.

Bei vielen Einsteigermaschinen und durchaus auch bei etwas größeren findet man daher sogenannte Aufschäumhilfen. Durch ein kleines Loch im oberen Bereich der Tülle wird durch den ausströmenden Dampf im Inneren Luft angesaugt und in die Milch geleitet. Solange dieses Loch oberhalb der Milchoberfläche erhalten wird, steigt der Schaum wie von selbst im Kännchen hoch.

Solche Aufschäumhilfen produzieren allerdings einen eher voluminösen und festeren Schaum. Auch die Reinigung ist etwas umständlicher, da die Tülle abgeschraubt, ausgespült und wieder eingesetzt werden muss. Ein einfaches Abwischen des Dampfhahns direkt nach dem Schäumen ist weitaus einfacher. Und mit ein wenig Übung klappt es auch ohne Hilfsmittel, einen schönen Milchschaum zu erzeugen.

## SCHÄUMEN OHNE AUFSCHÄUMHILFE

Schalten Sie die Maschine auf Dampftemperatur. Je nach Kesselgröße beträgt die Aufheizzeit ca. 45 Sekunden.

Nach ca. 20 Sekunden, noch bevor die Aufheizzeit beendet ist und die Heizleuchte erlischt, drehen Sie das Dampfventil auf und lassen das Wasser ab, das sich noch im Dampfrohr befindet – am besten in ein anderes Kännchen oder in die Auffangwanne der Espressomaschine. Sobald nur noch Dampf austritt, schließen Sie das Dampfventil wieder. Vorsicht, Verbrühungsgefahr!

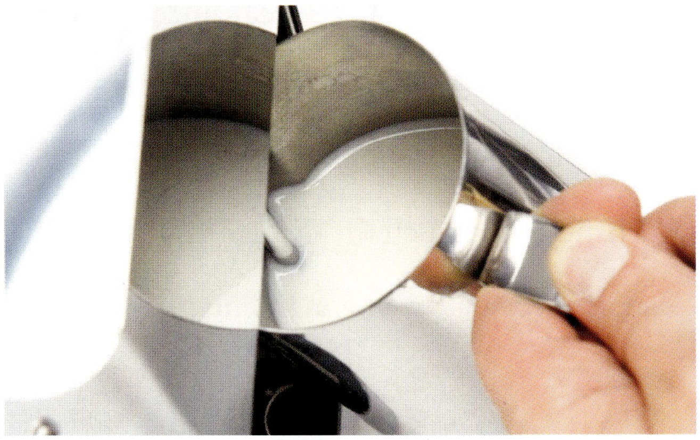

Halten Sie das zur Hälfte mit Milch gefüllte Milchkännchen an den Dampfhahn, sodass das Dampfrohr zunächst etwa 1 bis 2 cm tief in die Milch eintaucht. Dadurch wird verhindert, dass die Milch beim Aufdrehen des Dampfventils herausspritzt.

Nun drehen Sie das Dampfventil voll auf. Anfangs ist der Dampfdruck noch vollständig vorhanden, in den ersten zehn Sekunden muss praktisch die gewünschte Schaummenge erzeugt werden. Hierzu halten Sie das Dampfventil nur knapp unter die Milchoberfläche, sodass ein kleiner Wirbel entsteht.

Ein charakteristisches Zischen sollte jetzt zu hören sein, Luft wird in die Milch gesaugt und verwirbelt. In dieser sogenannten Ziehphase wird der Schaum „hochgezogen". Das Volumen der Milch vergrößert sich. Weichen Sie mit dem Milchkännchen allmählich nach unten aus, damit das Dampfrohr immer knapp unter der Milchoberfläche bleibt.

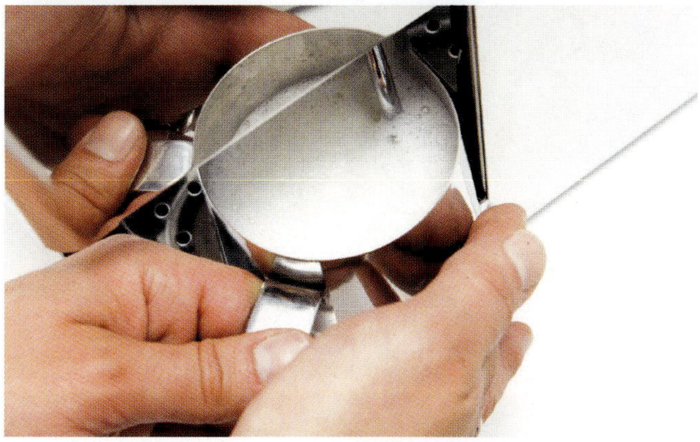

Wenn genug Schaum erzeugt worden ist und der Druck nachlässt, tauchen Sie das Dampfrohr etwas tiefer in die Milch. Dabei entsteht kein Schaum mehr, die Milch wird nur noch auf die gewünschte Temperatur erhitzt. Mit der freien Hand kontrollieren Sie die Temperatur an der Kännchenwand. Sobald die Milch ca. 70 °C erreicht hat und das Kännchen gerade noch berührt werden kann, schließen Sie das Dampfventil wieder.

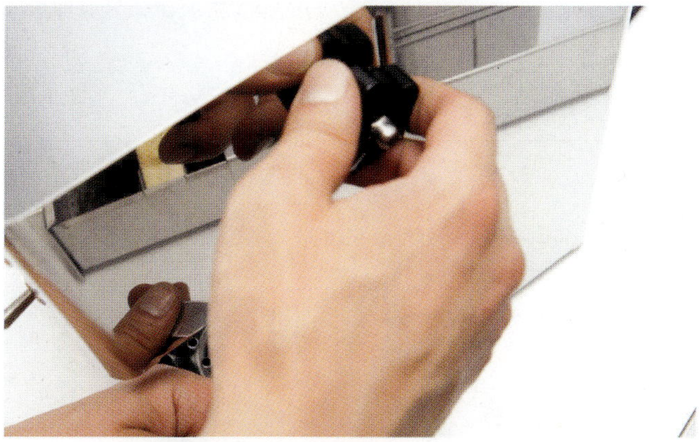

Fertig. Drehen Sie das Dampfventil zu und schalten Sie den Dampfmodus der Maschine wieder ab. Nicht vergessen – wischen Sie das Dampfrohr mit einem feuchten Lappen ab.

WICHTIG! Nach dem Schäumen muss die Maschine entlüftet werden. Halten Sie dazu ein leeres Kännchen unter das Dampfventil, drehen Sie das Dampfventil auf, starten den Wasserbezug und lassen Sie es so lange geöffnet, bis nur noch Wasser austritt. Dadurch wird die Maschine entlüftet, und der Kessel ist wieder mit Wasser gefüllt.
Denken Sie daran, die Maschine nach jeder Dampfentnahme und auch im normalen Gebrauch regelmäßig zu entlüften. Tun Sie dies nicht, besteht die Gefahr, dass die Heizung Schaden nimmt; eine teure Reparatur ist dann unumgänglich.

## SCHÄUMEN MIT AUFSCHÄUMHILFE

Schalten Sie die Maschine auf Dampftemperatur. Je nach Kesselgröße beträgt die Aufheizzeit ca. 45 Sekunden.

Nach ca. 20 Sekunden, noch bevor die Aufheizzeit beendet ist und die Heizleuchte erlischt, drehen Sie das Dampfventil auf und lassen das Wasser ab, das sich noch im Dampfrohr befindet – am besten in ein anderes Kännchen oder in die Auffangwanne. Schließen Sie das Dampfventil wieder, sobald nur noch Dampf austritt. Füllen Sie das Milchkännchen zur Hälfte mit Milch und tauchen Sie die Aufschäumhilfe ein.

Die Aufschäumhilfe besteht aus zwei Teilen, einer äußeren Tülle und einem inneren Dampfrohr. Durch ein kleines Loch am oberen Rand der Außentülle wird Luft durch den im Inneren der Tülle ausströmenden Dampf angesaugt und in der Milch verwirbelt.

Drehen Sie das Dampfventil voll auf. Der Schaum steigt ganz von allein im Milchkännchen hoch. Aufschäumhilfen erzeugen einen voluminösen und festen Milchschaum.

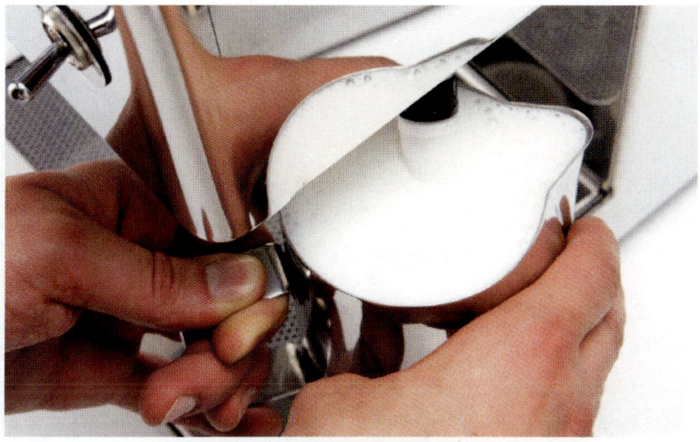

Mit der freien Hand kontrollieren Sie die Temperatur am Kännchen.

Sobald die Milch ca. 70 °C erreicht hat und das Kännchen gerade noch berührt werden kann, drehen Sie das Dampfventil wieder zu.

Nehmen Sie ein leeres Kännchen und stellen Sie es unter das Dampfventil. Drehen Sie das Ventil auf, starten den Wasserbezug und lassen Sie so lange überschüssigen Dampf ab, bis heißes Wasser austritt. Dadurch wird die Maschine wie oben beschrieben entlüftet und der Kessel wieder mit Wasser gefüllt.

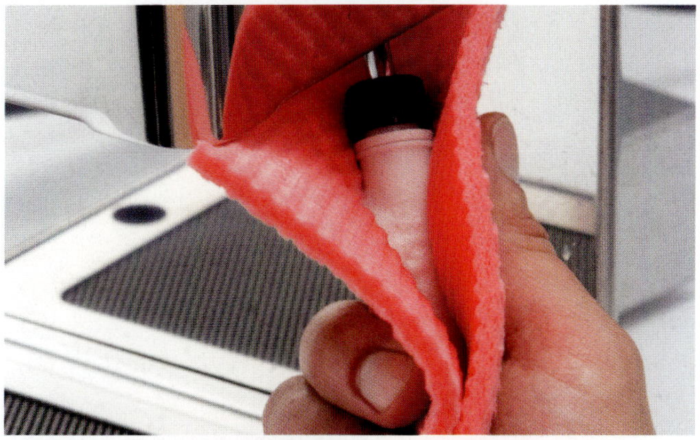

Mit einem Schwammtuch wischen Sie die Außentülle des Kännchens ab und spülen es danach aus.

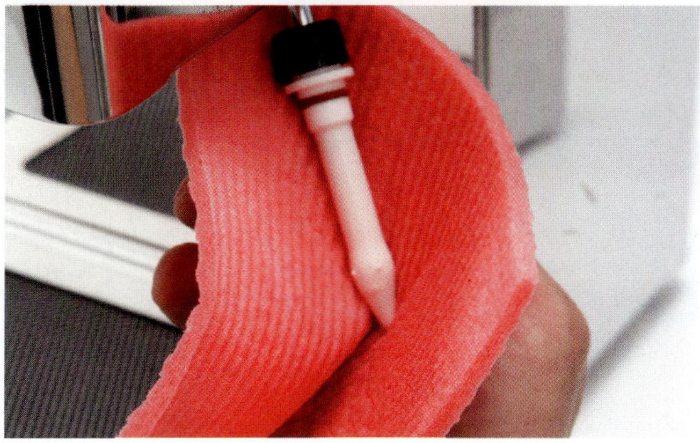

Wischen Sie auch den inneren Teil der Aufschäumhilfe gründlich ab und stecken Sie die äußere Tülle anschließend wieder auf. Denken Sie daran, die komplette Aufschäumhilfe regelmäßig abzuschrauben und gründlich zu reinigen.

# SCHÄUMEN MIT WÄRMETAUSCHERN

Eine Maschine mit Wärmetauschersystem stellt im Betrieb ständig Dampf zur Verfügung. Ein zusätzliches Aufheizen entfällt, auch das Entlüften danach ist nicht mehr erforderlich. Zunächst wird das Dampfrohr über die Auffangwanne geschwenkt, das Dampfventil aufgedreht und Kondenswasser abgelassen.

Danach schließen Sie das Ventil wieder und füllen ein Milchkännchen zur Hälfte mit kalter Milch.

Führen Sie das Dampfrohr knapp unter die Milchoberfläche und drehen Sie das Dampfventil voll auf.

Halten Sie es in dieser Position, ein zischendes Geräusch ist zu hören. Luft wird angesaugt und in die Milch verwirbelt, dadurch entsteht der Schaum. Dies ist die sogenannte Ziehphase.

Das Volumen der Milch vergrößert sich, Schaum steigt im Kännchen auf. Weichen Sie mit dem Milchkännchen langsam nach unten aus, um die Eintauchtiefe des Dampfrohrs konstant zu halten.

Ist die gewünschte Schaummenge erreicht, tauchen Sie das Dampfrohr etwas tiefer in die Milch ein, bis das Zischen verschwindet. Die Milch wird nur noch erhitzt, kontrollieren Sie also die Temperatur.

Schließen Sie das Dampfventil und wischen Sie das Dampfrohr mit einem feuchten Tuch ab.

Damit sich der Schaum setzt und die größeren Bläschen verschwinden, klopfen Sie das Kännchen auf die Tischplatte. Abschließend schwenken Sie das Kännchen mit der Milch leicht. Einem perfekten Cappuccino steht nun nichts mehr im Weg.

*Cappuccino für Genießer*

# LATTE ART

Latte Art beschreibt die kunstvolle Art, einen Cappuccino oder Caffè Latte zuzubereiten, der nicht nur traumhaft schmeckt, sondern auch so aussieht. Mittlerweile ist ein regelrechter Latte-Art-Boom entstanden, nicht zuletzt durch die Durchführung internationaler Barista-Championships, bei denen der beste Barista anhand seiner Kreationen gekürt wird. Dabei wird nur mit Hilfe des Milchschaums ein Muster oder eine „Zeichnung“ auf die Kaffeeoberfläche gezaubert, manchmal werden zusätzlich spezielle Spatel, Lanzen oder Schokoladensoßen- Applikatoren benutzt. Barista Toni zeigt, wie es geht.

# MILCH SCHÄUMEN FÜR LATTE ART

Zuvor ist bereits auf die Bedeutung verschiedener Aspekte beim Schäumen der Milch hingewiesen worden, hier noch einmal eine kurze Zusammenfassung:

**DER EIGENTLICHE SCHLÜSSEL ZU LATTE ART IST DIE KONSISTENZ DES MILCHSCHAUMS.**

Der Milchschaum darf nicht zu fest und voluminös sein, sonst dringt er nicht in den Caffè ein und verbindet sich nicht mit der Crema. Er darf aber auch nicht allzu flüssig sein, sonst steigt er gar nicht erst wieder auf. Das Entscheidende ist das Verhältnis zwischen Zieh- und Rollphase. Für Latte Art sollte die Ziehphase möglichst kurz gehalten werden, das Volumen der Milch sollte sich nicht übermäßig vergrößern.

Die anschließende Rollphase ist von großer Bedeutung, denn sie sorgt dafür, dass die komplette Milch im Milchkännchen wallt und die entstandenen Luftbläschen immer feiner und in der gesamten Milch verteilt werden. Auch sollte mit der Verwendung des Schaums nicht zu lange gewartet werden, da er sich sonst wieder absetzt.

**EIN SCHWENKEN DES MILCHKÄNNCHENS UND EIN KLOPFEN AUF DIE TISCHPLATTE HELFEN, DIE KONSISTENZ ZU ERHALTEN. SO FALLEN GRÖSSERE BLÄSCHEN SCHNELLER IN SICH ZUSAMMEN.**

Die verwendeten Tassen sollten möglichst eine breite Öffnung haben, also keine allzu konisch zulaufenden Formen aufweisen. Zum einen bietet die breitere Öffnung einfach mehr Platz auf der Oberfläche, auf der ja das Kunstwerk entstehen soll, zum anderen ist der Boden abgerundet genug, um den Milchschaum beim Eingießen gleichmäßig zu verteilen.

## ZIEHPHASE

Die Ziehphase sollte so lange gehalten werden, bis die Milch ungefähr Körpertemperatur erreicht hat. Das Volumen sollte sich nicht zu sehr vergrößern.

## ROLLPHASE

Die Rollphase verteilt den erzeugten Schaum in mikrofeine Bläschen. Das Dampfrohr sollte nicht mittig, sondern etwas versetzt und nicht zu tief in die Milch gehalten werden.

Größere Blasen, die auch beim Umfüllen entstehen können, setzten sich leicht wieder, wenn das Milchkännchen auf die Tischplatte geklopft wird.

## MILCH UMFÜLLEN

Sollen mehrere Cappuccini oder Caffè Latte zubereitet werden, empfiehlt es sich, ein etwas größeres Milchkännchen zu benutzen. Durch die größere Menge Milch besteht aber die Gefahr, dass sich der Schaum doch etwas absetzt. Für den ersten zubereiteten Cappuccino ist der Milchschaum dann ein wenig zu fest, für den zweiten ist er bereits zu flüssig.

Nach dem Schäumen und Schwenken sollte daher der obere Schaum zunächst in ein anderes Kännchen umgefüllt werden. Der verbleibende Schaum wird nochmals kurz geschwenkt, und der erste Cappuccino kann damit zubereitet werden. Anschließend wird die Milch wieder aus dem anderen Kännchen umgefüllt, geschwenkt und der zweite Cappuccino zubereitet. Durch das Umfüllen wird also der Schaum „gerecht" aufgeteilt.

# MILCHSCHAUM EINGIESSEN

Ein wichtiger Moment ist der Zeitpunkt des Eingießens des Schaums in den vorbereiteten Caffè. Am einfachsten gelingt das, indem man das Kännchen auf dem Rand der Tasse absetzt und die Kanne langsam kippt. Den ersten Schluck sollten Sie etwas versetzt von der Mitte der Tasse platzieren, je nachdem, welche Figur Sie planen. Der Schaum muss unter die Oberfläche des Caffès dringen, der Nachfluss sollte kontinuierlich ohne Hast erfolgen. Ist die Konsistenz des Milchschaums korrekt, lässt sich mit dem Schaum sehr schön die Crema des Caffès auf der Oberfläche „lenken".

Für das Gelingen von schönen Figuren ist sicherlich sehr viel Übung erforderlich, denn sowohl die Flussgeschwindigkeit der Milch wie auch das Timing, das dafür verantwortlich ist, ab welcher Füllmenge mit den Schwenkbewegungen des Kännchens begonnen wird, spielen eine große Rolle.

# LATTE ART: DAS HERZ

Das Herz ist für den Anfang eine optimale Form, bei der man ein gutes Gefühl für die Fließeigenschaften der Milch bekommt. Man beginnt, am vorderen Tassenrand die Milch langsam einzugießen, ohne zunächst die Position zu verändern.

Der eintauchende Milchschaum verteilt sich apfelförmig um die Eingussstelle. Dann muss zügig zum gegenüberliegenden Tassenrand weitergegossen werden, dabei wird die Crema mitgeführt und das Milchkännchen abgeschwenkt.

1
2
3
4
5
6
7
8
9

## LATTE ART: DAS BLATT

Übung beim Gießen. Man beginnt mit dem Gießen an der gegenüberliegenden Seite des Milchkännchens und zieht den Schaum langsam quer über die Oberfläche mit leicht oszillierenden Bewegungen des Kännchens aus dem Handgelenk. Diese „Serpentinen" bilden die Umrisse des Blatts. Abschließend zieht man nochmals zum entgegengesetzten Tassenrand wieder zurück, dabei wird die mittlere Blattader gezeichnet.

1
2
3
4
5
6
7
8
9

## LATTE ART: DIE ROSETTE

Bei der Rosette wählt man den Eingießpunkt etwas seitlich versetzt vom Mittelpunkt der Tasse und fängt langsam an zu gießen. Leichte „Nickbewegungen“ des Milchkännchens erzeugen an der Seite das fächerartige Muster, wobei das Milchkännchen entgegen dem Uhrzeigersinn am Rand der Tasse entlanggeführt wird. Der abschließende Schwenk über die Mitte hinaus vervollständigt das verwirbelte Muster.

1

2

3

4

5

6

7

## LATTE ART: DIE TULPE

Die Tulpe wird im Prinzip aus zwei „Herzen“ gebildet. Das erste Herz wird am gegenüberliegenden Tassenrand angesetzt. Das Milchkännchen wird erneut angesetzt, ein zweites, kleineres Herz entsteht. Mit dem zügigen Abschwenken zum gegenüberliegenden Tassenrand wird das obere Herz komplettiert, und die unteren Blätter werden geformt.

1
2
3
4
5
6
7
8
9

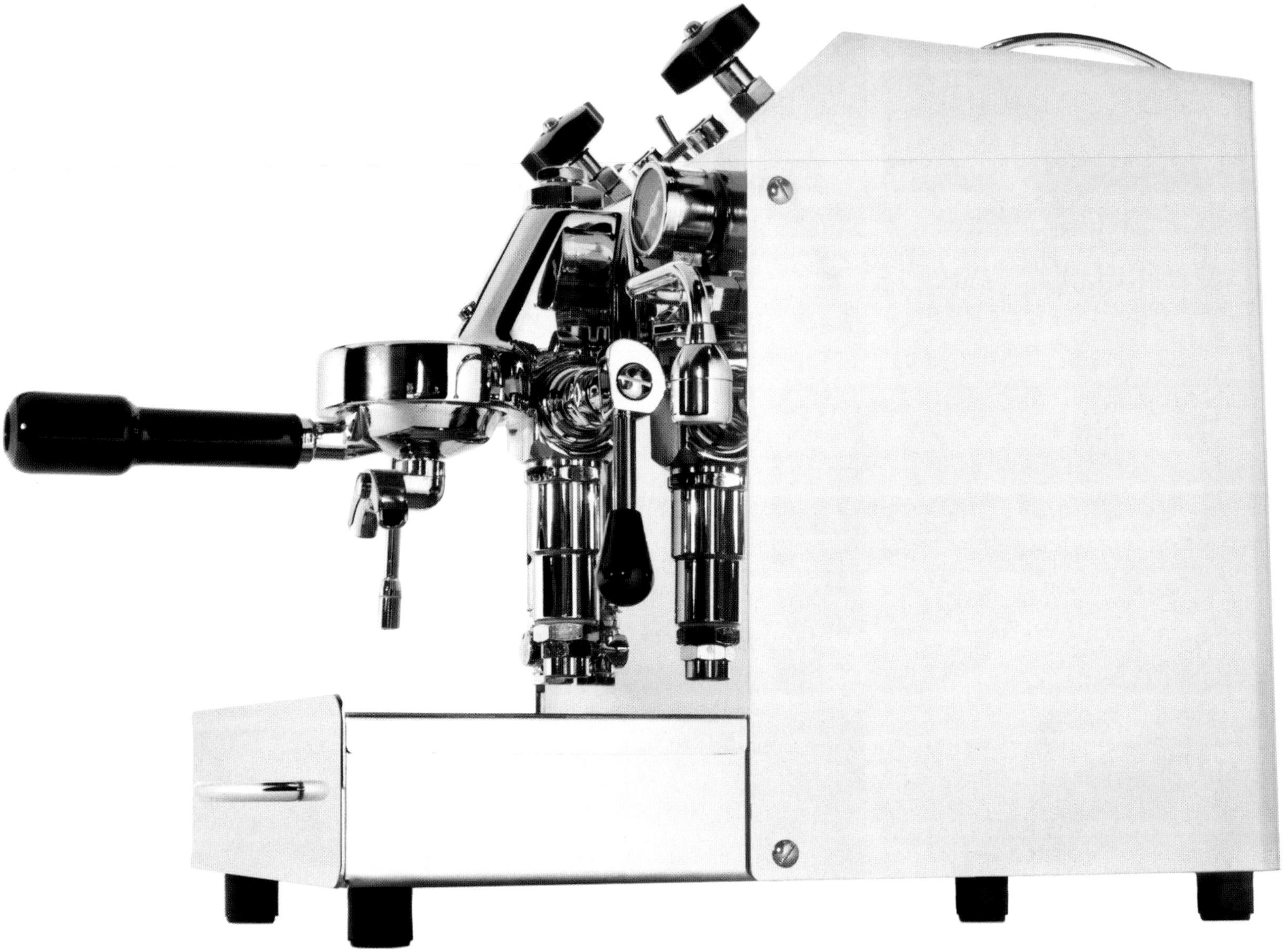

# REINIGUNG *und* PFLEGE

Wie die meisten Gebrauchsgegenstände im Haushalt bedürfen auch Espressomaschinen einer gelegentlichen Zuwendung. Ihre Maschine wird es mit einer langen Lebensdauer und Ihr Gaumen mit einem unverfälschten Geschmackserlebnis danken.

BRÜHKOPFSIEBE EINER FAEMA E61-GRUPPE

*links im Bild ein neues, rechts ein recht ungepflegtes Brühkopfsieb von der Innenseite fotografiert. Man erkennt sehr schön, dass die Ablagerungen kaum noch Wasser passieren lassen können.*

# DAS BRÜHKOPFSIEB

Für ein langes Maschinenleben und ungetrübten Espressogenuss ist die Wartung und Pflege einer Espressomaschine essenziell. Kaffeemehl enthält Öle, Fette und Wachse, die sich aufgrund der besonderen Zubereitungsart auch vermehrt lösen und an den Kontaktflächen der Maschine ablagern.

Besonders betroffen ist dabei das Brühkopfsieb, denn es liegt unmittelbar auf dem Kaffeekuchen auf, hat also direkten Kontakt mit dem Kaffeemehl. Das Brühkopfsieb besteht in den allermeisten Maschinen aus Metall, meistens aus Edelstahl oder Aluminium. Durch den Druckaufbau auf dem Kaffeemehl werden feinste Kaffeepartikel und Öle auch durch das Sieb hindurch nach oben gedrückt und lagern sich somit an der Innenseite ab, von außen unerreichbar für ein Wischtuch oder Ähnliches.

Das Brühkopfsieb wird bei Betrieb der Maschine ständig beheizt, somit brennen diese Ablagerungen schnell ein, „backen" richtiggehend fest und werden auch bei erneutem Wasserdurchlauf nicht vollständig gelöst.

Öle und Fette werden bei diesen Temperaturen schnell ranzig, dieser Geschmack wird auf das durchfließende Wasser übertragen und landet im Espresso. Daher ist es von immenser Bedeutung, diese Ablagerungen regelmäßig zu entfernen, um eine geschmackliche Beeinträchtigung zu vermeiden sowie einen ungehinderten Wasserdurchfluss zu gewährleisten. Bei Maschinen mit Magnetventil oder der Faema-Brühgruppe lässt sich die Reinigung mithilfe eines geschlossenen Siebeinsatzes ohne Löcher oder einer kleinen Gummimatte, die ins Sieb gelegt wird, erledigen.

HAUSHALTSMASCHINEN OHNE MAGNETVENTIL

*Bei solchen Modellen muss das Brühkopfsieb manuell entfernt werden. Dazu wird die Schraube in der Mitte (gleichzeitig auch die Wasserverteilerschraube) gelöst und das Brühkopfsieb abgezogen.*

Aufgrund der Hartnäckigkeit der Ablagerungen sind speziell abgestimmte Reinigungsmittel erforderlich, die in der Lage sind, auch festsitzende Ablagerungen zu entfernen. Das Hausmittel Bikarbonat (Kaisernatron) kann zwar dazu verwendet werden, allerdings hilft es nur bei täglicher Anwendung. Stark festsitzende Verschmutzungen vermag es nicht zu lösen.

Bei Maschinen ohne Magnetventil ist eine solche Rückspülung des Brühkopfs leider nicht möglich, da das vom geschlossenen Siebträger zurückgestaute Wasser nicht abgeleitet werden könnte. Bei solchen Modellen muss das Brühkopfsieb entfernt, in einer Reinigungslösung eingeweicht und von innen manuell gereinigt werden.

# REINIGUNGSMITTEL

Reinigungsmittel speziell für die Brühkopfreinigung gibt es in verschiedenen Ausführungen als Pulver, Tabletten oder flüssig. Tabletten ähneln in ihrer Zusammensetzung dem Pulver, sind aber leichter zu dosieren: eine Tablette pro Reinigungsvorgang. Der Nachteil besteht jedoch darin, dass sie sich erst auflösen müssen, der Reinigungsvorgang verlängert sich dadurch etwas. Pulver sollten sparsam dosiert werden, ein Teelöffel reicht für eine Anwendung völlig aus.

Pulver und Tabletten haben allerdings einen weiteren Nachteil: Sie schäumen sehr stark, dadurch soll die Reinigungswirkung verstärkt werden, da der Schaum länger haftet. Es besteht jedoch die Gefahr, dass sich durch unzureichendes Nachspülen Reste im Magnetventil oder im Ablauf der Brühgruppe festsetzen und verkleben. Gerade für Modelle mit Magnetventilen ist dies fatal, denn das Ventil kann dadurch festklemmen und nicht mehr richtig öffnen oder schließen.

Flüssige Reiniger müssen etwas höher dosiert werden, jedoch reicht auch hier ein großzügiger Schluck aus. Der Flüssigreiniger muss sich nicht erst auflösen und kann auch nicht Magnetventil oder Ablauf verkleben. Die Schaumentwicklung ist ebenfalls reduziert, was den Reinigungsvorgang etwas beschleunigt sowie Aufwand und Dreck in Grenzen hält.

# BRÜHKOPFREINIGUNG

Bei Maschinen mit professionellen Brühgruppen ist die Brühkopfreinigung mit einem sogenannten Blindsieb möglich. Dieser Metalleinsatz für den Siebträger ist geschlossen, sodass das aus dem Brühkopf laufende Wasser zurückgestaut wird und den oberen Brühkopf durchspült. Daher wird dieser Vorgang auch als Rückspülung bezeichnet.

Bei der Espressoproduktion setzen sich die Öle und Fette nicht nur an der Innenseite des Brühkopfsiebs ab, sondern auch im Brühkopf selbst und im Auslauf. Die Rückspülung ist in der Gastronomie täglich erforderlich, und auch im Haushalt ist es ratsam, diesen Vorgang regelmäßig auszuführen, denn die Geschmacksbeeinträchtigung durch ranzige Öle im Brühkopf ist nicht zu unterschätzen. Zu empfehlen ist auch eine tägliche kurze Rückspülung ohne Reiniger, sie ersetzt aber nicht die wöchentliche Prozedur mit Reiniger.

# SCHRITT FÜR SCHRITT ZUM SAUBEREN BRÜHKOPF

Als Erstes muss der Siebeinsatz aus dem Siebträger entfernt werden. Er sitzt ziemlich fest, von einer Metallklammer gehalten, im Siebträger, damit er beim Ausklopfen nicht mit herausfällt. Am einfachsten setzt man mit dem dünnen Rand des Blindsiebs unter dem Rand des Siebeinsatzes an und hebelt ihn heraus.

Dann wird das Blindsieb eingesetzt und mit der Handfläche fest eingedrückt. Je nach Stärke der Feder erfordert dies einen etwas kräftigeren Druck mit dem Handballen.

Nun muss ein geeignetes Brühkopfreinigungsmittel eingefüllt und der Siebträger in den Brühkopf fest eingespannt werden. Flüssige Reiniger haben sich bewährt, da sie nicht so stark schäumen und Rücklauf oder Magnetventil nicht verkleben können.

Der Siebträger wird in die Brühgruppe eingespannt und festgezogen. Der korrekte und feste Sitz des Siebträgers im Brühkopf ist wichtig, da bei der Rückspülung der Maximaldruck aufgebaut wird. ACHTUNG! Ein zu locker eingespannter Siebträger springt beim Druckaufbau mit nicht unerheblicher Wucht wieder heraus.

Der Brühhebel wird nun in die obere Position gebracht, als würde Kaffee zubereitet werden. Bei Maschinen mit Magnetventil wird der entsprechende Schalter für die Kaffeezubereitung gedrückt.
Die Pumpe befördert nun Wasser, der Maximaldruck wird aufgebaut.
Ab jetzt ca. vier bis fünf Sekunden laufen lassen.

Nun wird der Hebel wieder in die untere Position gestellt und entsprechend der Schalter für die Kaffeezubereitung wieder ausgeschaltet. Aus dem Ablauf des Brühkopfs entlädt sich jetzt das Wasser in die Auffangschale. Diesen Vorgang wiederholen Sie zwei- bis dreimal, ohne zwischendurch den Siebträger aus dem Brühkopf zu nehmen.

Der Brühhebel bei einer Faema E61-Brühgruppe erfüllt mehrere Funktionen: In der obersten Position ist der Wasserfluss Richtung Brühkopf geöffnet, gleichzeitig wird der Schalter für die Pumpe betätigt, sodass Wasser bezogen wird.

In der untersten Position wird der Wasserfluss zum Ablauf umgeleitet, der Schalter für die Pumpe wird gleichzeitig ausgeschaltet. Bei der Kaffeezubereitung wird dadurch nach erfolgter Entnahme das überschüssige Wasser in die Auffangwanne geleitet, sodass kein Wasser mehr in den Siebträger nachlaufen kann. Dadurch ist der Kaffeekuchen trocken, der Siebträger kann bei Bedarf sofort aus dem Brühkopf entnommen und wieder befüllt werden, ohne dass eine Tropfenspur hinterlassen wird.

Es gibt noch eine dritte Position, die für die Rückspülung interessant ist. Nach der obersten Position wird der Hebel nicht ganz nach unten geführt, sondern nur bis zu dem Punkt, an dem die Pumpe ausgeschaltet wird. Dadurch verbleibt der Druck im Brühkopf, sodass das Reinigungsmittel Zeit hat, sämtliche Rückstände zu lösen.

WICHTIG! In dieser Position darf der Siebträger nicht aus dem Brühkopf genommen werden. Das Reinigungsmittel befindet sich noch unter Druck in der Brühgruppe. In dieser Position ca. zwei bis drei Minuten stehen lassen, dann den Hebel wieder ganz nach unten stellen, um das Reinigungsmittel abzulassen. Anschließend wird der Druck wieder aufgebaut, einige Sekunden laufen gelassen und wieder beendet. Insgesamt sollte etwa zwei- bis dreimal vor und zwei- bis dreimal nach der Einwirkzeit in der hier beschriebenen „Halbstellung“ verfahren werden.

Das abgegebene Wasser darf nicht mehr zu bräunlich sein, ansonsten muss das Reinigungsmittel erneuert und die Rückspülung wiederholt werden. Anschließend entnehmen Sie den Siebträger aus der Brühgruppe und entleeren ihn in die Auffangschale der Maschine.

Lassen Sie Wasser aus dem Brühkopf laufen und spülen Sie damit das Blindsieb aus. Dann wird es entleert und leer wieder eingespannt, sollte allerdings nicht fest angezogen, sondern nur locker eingelegt werden.

Nun wird Wasser aus dem Brühkopf bezogen. Das Wasser füllt das Blindsieb und fängt an überzulaufen. Bewegen Sie den Siebträger leicht hin und her. VORSICHT: Das heiße Wasser kann am Siebträgergriff entlanglaufen, es besteht Verbrennungsgefahr.

Dadurch werden festgesetzte Kaffeemehlreste von der Brühkopfdichtung abgelöst.

Eine angewinkelte Brühkopfreinigungsbürste vereinfacht die gründliche Reinigung der Brühkopfdichtung enorm, sie passt genau in den Zwischenraum zwischen Dusche und Brühkopfrand und hat die passende Breite zur Brühkopfdichtung. Die steifen Teflon-/Nylonborsten entfernen auch hartnäckige Kaffeemehlreste, ohne die Brühkopfdichtung zu beschädigen.

Mit der Bürste fahren Sie jetzt mehrmals die Brühkopfdichtung ab. Spülen Sie die Bürste zwischendurch unter fließendem Wasser aus dem Brühkopf aus. VORSICHT! Auch hier besteht Verbrennungsgefahr.

Erneut spannen Sie den Siebträger nur lose ein und spülen die von der Bürste gelösten Kaffeemehlreste ab.

Zum Abschluss entleeren Sie den Siebträger und spannen ihn wieder fest ein. Lassen Sie den Maximaldruck mindestens vier- bis fünfmal aufbauen und ca. vier bis fünf Sekunden laufen – so lange, bis das aus dem Ablauf abgegebene Wasser wieder klar ist. Auf diese Weise werden sämtliche Reste des Reinigers aus dem Brühkopf gespült.

# SIEBTRÄGER UND SIEBEINSÄTZE

Auch am Boden des Siebträgers sammeln sich die Öle und bilden bald eine hartnäckige braune Schicht. Daher sollte der Metallteil des Siebträgers wöchentlich in speziellem Reiniger mit heißem Wasser einige Zeit eingeweicht werden. Verwenden Sie auf keinen Fall normales Spülmittel dafür, denn es kann Rückstände hinterlassen, die die Öle des Espresso zerstören. Entfernen und reinigen Sie die Siebeinsätze aus dem Siebträger am besten täglich. Die Ablagerungen an der Unterseite lassen sich so sehr leicht entfernen. Die feinen Löcher würden sich sonst zusetzen und mit der Zeit verstopfen.

# ENTKALKUNG

Die regelmäßige Entkalkung von Espressomaschinen verlängert deren Lebensdauer entscheidend. Gute Espressomaschinen verfügen zwar über hochwertige Bauteile und langlebige Materialien, dennoch ist eine regelmäßige Pflege nötig, um diese auch zu erhalten. Kalkablagerungen sind der größte Feind einer jeden Espressomaschine, denn sie sind aggressiv und können sich selbst durch relativ kalkresistente Materialien wie Kupfer oder Messing fressen oder Zuleitungen blockieren.

Die Entkalkung von Zweitemperatursystemen, die aus einem Kessel beide Temperaturbereiche für Kaffee und Dampf zur Verfügung stellen, ist recht unproblematisch. Dazu wird eine Entkalkerlösung angesetzt und durch das System laufen gelassen, bis sämtliche Wasser führenden Teile mit der Lösung gefüllt sind.

Als Faustregel sollte gelten, dass mindestens die doppelte Menge des Kesselvolumens an Entkalkerlösung durch die Maschine laufen muss.

Je nach Entkalker muss das Mittel entweder in kaltem oder warmem Zustand der Maschine einwirken. Während der Einwirkzeit sollte mehrmals durch zusätzlichen Durchlauf die Entkalkerlösung im Kessel erneuert werden. Danach wird der Entkalker durch ausgiebiges Nachspülen mit frischem Wasser wieder aus dem System gespült, dazu sollte mindestens eine komplette Tankfüllung verwendet werden. Vibrationspumpen sind allerdings nicht für den Dauerbetrieb ausgelegt, daher muss beim Durchspülen nach maximal einer Minute eine Pause eingelegt werden. Bei Wärmetauschersystemen allerdings gestaltet sich die Entkalkung etwas aufwendiger, deshalb wird sie im Folgenden ausführlicher beschrieben.

## WANN SOLLTE ENTKALKT WERDEN?

Die Entkalkungsintervalle richten sich in erster Linie nach der Härte des verwendeten Wassers und der Nutzung der Maschine. Eine Verkalkung macht sich unter anderem durch verlängerte Aufheizzeiten bemerkbar, auch ein knisterndes oder knackendes Geräusch beim Aufheizen sollte alarmierend wirken. In Gegenden mit sehr hartem Wasser ist eine Entkalkung unter Umständen monatlich erforderlich, auch wenn teilgefiltertes Wasser verwendet wird.

Bei mittlerem Härtebereich empfiehlt sich eine quartalsweise Entkalkung. Bei einer regelmäßigen Entfernung der Ablagerungen besteht eine gute Chance, diese auch rückstandslos und unproblematisch zu entfernen. Je länger sich Ablagerungen bilden können, desto größer ist die Gefahr, dass sich bei der Entkalkung größere Kalkpartikel lösen und Leitungen blockieren.

Lange nicht entkalkte Maschinen sollten daher nicht selbst entkalkt werden, da Komplikationen vorprogrammiert sind und unter Umständen einen weit größeren Schaden anrichten können. In diesem Fall sollte eine Fachwerkstatt bemüht werden, um den Kessel komplett auszubauen und gründlich zu entkalken.

FLÜSSIG-ENTKALKER
FÜR ESPRESSOMASCHINEN
BAZZAR
CAFFÈ
WWW.BAZZAR.DE
Für die Brühkopfreinigung
UNIVERSALREINIGER
FÜR ESPRESSOMASCHINEN
hoch konzentriert
BAZZAR
CAFFÈ
WWW.BAZZAR.DE

# GEEIGNETE ENTKALKER

Eines vorweg: Das gute alte Hausmittel Essigsäure oder Essigessenz hat bei der Entkalkung einer Espressomaschine, egal welcher Bauart, nichts verloren. Mit Kupfer beispielsweise bildet Essigsäure Kupferacetat, den sogenannten „Grünspan", ein giftiger Stoff, der auch in Feuerwerken verwendet wird. Außerdem werden Kunststoffe oder Dichtungen angegriffen.

Reine Zitronensäure ist da schon besser, allerdings ist auch sie recht aggressiv und wird gern überdosiert, sodass die Maschine unnötig belastet wird. Bei Aluminiumboilern sollte man gänzlich auf Zitronensäure verzichten.

Weinsteinsäure gibt es in der Apotheke und kann für die meisten Boilermaterialien verwendet werden, sie bietet preislich allerdings gegenüber speziellen Entkalkern keinen Vorteil.

Spezielle Entkalkungsmittel für Espressomaschinen sind eindeutig vorzuziehen, ihre Zusammensetzung berücksichtigt die Schonung der Materialien mit gleichzeitig hohem Kalklösevermögen. Sie bestehen meist aus einer Kombination verschiedener Säuren. Entkalker müssen ungiftig sein, da nicht immer ausgeschlossen werden kann, dass Rückstände zunächst im Gerät verbleiben, wenn nicht ausreichend nachgespült wurde.

Entkalker in Pulverform müssen vollständig aufgelöst werden, bevor sie in die Maschine gelangen. Entkalker, die für die kalte Anwendung vorgesehen sind, sollten nicht für die Entkalkung von Wärmetauschersystemen benutzt werden, denn die Maschine muss zur Befüllung des Kesselraums mehrmals auf Betriebstemperatur aufheizen.

# ENTKALKUNG EINES WÄRMETAUSCHERSYSTEMS

Zunächst müssen Sie die Espressomaschine in Betrieb nehmen und aufheizen lassen, bis der Betriebsdruck erreicht ist. Je nach Einstellung des Pressostaten ist das bei ca. 1 bis 1,3 Bar der Fall.

Die Entkalkerlösung wird gemäß Dosierungsanleitung angesetzt und in den Tank gefüllt. Je nach Kesselvolumen muss mindestens die 1,5-fache Menge an Entkalkerlösung zur Verfügung stehen.

Ein ausreichend großer Behälter wird unter den Heißwasserauslass der Maschine gestellt, am besten ein Messbecher oder Ähnliches, um die abgegebene Menge heißen Wassers zu kontrollieren.
Anschließend wird die Maschine ausgeschaltet und das Heißwasserventil geöffnet. Das Ausschalten des Geräts bewirkt, dass der Wasserverlust im Kessel nicht wieder automatisch ausgeglichen wird.

Der Druck im Kessel befördert nun das heiße Wasser in den Messbecher. Je nach Kesselgröße sollten zwischen 200 und 600 ml abgegeben werden. Der Kessel wird dadurch also nicht vollständig entleert. Wenn kein Wasser mehr abgegeben wird, kann das Heißwasserventil wieder zugedreht werden.

Zur Sicherheit öffnen Sie nun das Dampfventil und schalten die Maschine wieder ein. Das entnommene Wasser wird wieder aufgefüllt, erst jetzt gelangt die Entkalkerlösung in den Kessel und vermischt sich mit dem darin noch verbliebenen Brauchwasser. Achten Sie darauf, dass die zuvor entnommene Menge an Wasser auch komplett wieder ausgeglichen wird. Das Pumpen der Maschine kann daher bis zu einer Minute dauern.

Bei Geräten mit Kesselfüllstandsanzeige kann der Vorgang des Befüllens kontrolliert werden.

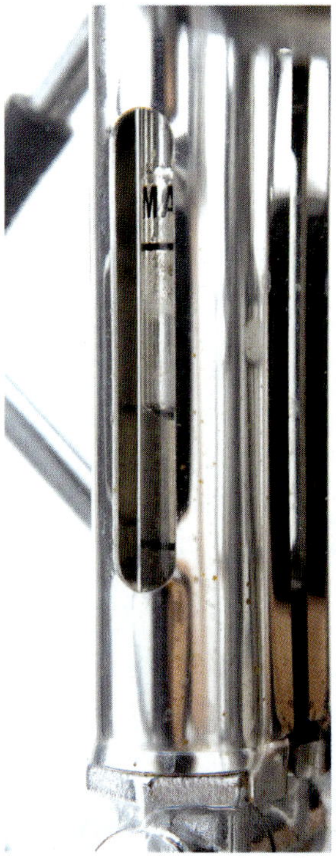

Nun heizt die Maschine wieder auf Betriebstemperatur. Sobald etwas Dampf aus dem Dampfventil tritt, schließen Sie dieses wieder und lassen die Maschine bis zum Abschalten der Heizung weiterheizen.

Da ja nur ein Teil des Brauchwassers im Kessel durch Entkalkerlösung ersetzt wurde, muss die Wasserentnahme ca. drei- bis viermal erfolgen, um eine ausreichend hohe Entkalkerkonzentration im Kessel zu erreichen – also immer wieder ausschalten, heißes Wasser ablaufen lassen, Maschine wieder einschalten und aufheizen lassen.

Auch aus der Brühgruppe wird nun Entkalkerlösung bezogen, am besten entfernen Sie vorher die Abtropfabdeckung der Auffangwanne, damit der Entkalker keine Flecken hinterlassen kann. Mindestens 200 ml herauslaufen lassen, damit auch der Wärmetauscher komplett mit der Lösung gefüllt wird.

Jetzt setzen Sie das Blindsieb in den Siebträger ein und spannen den Siebträger in den Brühkopf ein. Kaffeebezug starten und einige Sekunden laufen lassen. Dieser Vorgang wird drei- bis viermal wiederholt und der Hebel einige Minuten in der Mittelstellung belassen (siehe Abschnitt Brühkopfreinigung). Dadurch wird auch der obere Teil des Brühkopfs entkalkt.

Jetzt muss der Entkalker einwirken, je nach verwendetem Mittel zwischen 30 und 60 Minuten.

## WICHTIG:

Bei der Entkalkung entsteht durch die Lösung der Ablagerungen Kohlensäure, und es bildet sich Schaum im Inneren des Kessels. Dieser Schaum kann unter Umständen den Kontakt zum Wasserfühler herstellen, wodurch die Maschine fälschlicherweise das Signal bekommt, genug Wasser im Kessel zu haben. Manche Spezialentkalker enthalten aus diesem Grund schaumreduzierende Zusätze.
Sollte die Maschine nach dem Entleeren des Heißwassers nicht oder nur kurz wieder den Kessel befüllen, muss das Gerät sofort ausgeschaltet werden. Meist setzt sich der Schaum nach einiger Zeit. Sollte dennoch danach die Maschine den Kessel nicht wieder vollständig befüllen, muss der Wasserfühler herausgezogen und gereinigt werden.
Hierzu finden Sie auf den nächsten Seiten einige Hinweise. Nach der Einwirkzeit wird der Wassertank herausgenommen, ausgespült und mit frischem Wasser aufgefüllt.
Führen Sie die letzten Schritte mit mindestens einer, besser zwei Tankfüllungen durch, damit der Entkalker rückstandslos aus dem System gespült wird.

# REINIGUNG DES WASSERFÜHLERS

Zunächst ziehen Sie den Netzstecker und entfernen das Außengehäuse. Eventuell muss auch, wie im Bild zu sehen, die zusätzliche Abdeckung des Innenraums entfernt werden. In diesem Fall lösen Sie zunächst die oberen Schrauben.

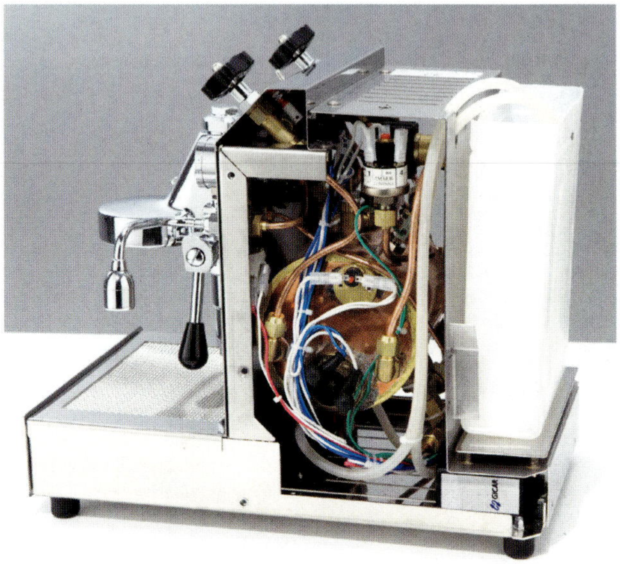

Unter der Abdeckung sitzt der Tankschalter, versteckt unter dem Blech, auf dem der Tank aufsetzt. Markieren Sie die verbundenen Kabel des Tankschalters und lösen Sie sie ab, danach kann die Abdeckung entfernt werden.

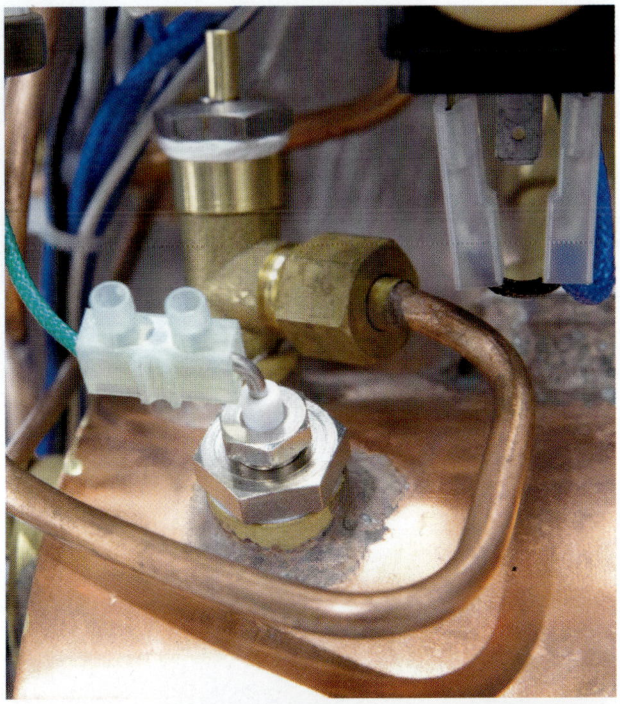

Der Wasserfühler sitzt oben am Kessel. Sie erkennen ihn meist an einer Lüsterklemme und einem Kabel, das zur Elektronik führt.
WICHTIG! Die genaue Position der Metallsonde muss markiert werden, damit die vorgegebene Füllhöhe wieder exakt eingestellt werden kann.

Lockern Sie die obere Sechskantschraube etwas und ziehen Sie den Wasserfühler an der Lüsterklemme ganz heraus. Nun wird die Metallsonde gut gereinigt, am besten mit etwas feinem Schmirgelpapier. Sämtliche Ablagerungen müssen entfernt werden. Danach führen Sie die Sonde wieder bis zur Markierung ein und ziehen die Sechskantschraube fest, allerdings nicht zu stark.

MICHELE CACACE

LA MARZOCCO

VAPORE
MASSIMO
MINIMO
CARICO
ATTENZIONE

# MYTHOS MASCHINE

Die Liste der Hilfsapparturen zur Kaffeezubereitung ist lang: Im Laufe der Jahrhunderte wurden unzählige Methoden entwickelt, der Kaffeebohne ihre Aromastoffe zu entlocken. Die grundsätzlich zu unterscheidenden Verfahren sind dabei die Mazeration und die Perkolation. Bei der Mazeration wird das zerstoßene bzw. gemahlene Kaffeemehl in heißes bzw. kochendes Wasser gegeben und einige Minuten ziehen gelassen. Dieser Aufguss wird dann auf verschiedene Arten gefiltert, bei der „French-Press-Kanne“ beispielsweise mit einem Metallsieb, das durch das Getränk gedrückt wird und die Kaffeepartikel am Boden sammelt. Diese Methode wird auch Melior-Methode genannt. Eine Variante der Mazeration ist der türkische Mokka, bei dem sehr fein gemahlenes Kaffeemehl zusammen mit Zucker mehrmals aufgekocht wird. Bei der Perkolation wird kochendes Wasser durch das gemahlene Kaffeemehl geführt, dazu wird entweder die Schwerkraft zu Hilfe genommen oder wie bei den kleinen Espressokochern für die Herdplatte mit leichtem Dampfdruck gearbeitet.

Wie kam es aber nun zur Erfindung der Espressomaschine?

**BAR NANINI**, Siena

# TECHNISCHE MEILENSTEINE

Anfang des letzten Jahrhunderts wurde die technische Entwicklung angestoßen, die bis heute die Kaffeekultur in aller Welt beeinflussen sollte. Bis zum Ende des 19. Jahrhunderts wurde der Kaffee in den Kaffeehäusern überwiegend nach der Perkolationsmethode zubereitet. Das Aufbrühen des heißen Getränks erfolgte zwar in größeren Chargen auf einmal, dennoch dauerte die Zubereitung mehrere Minuten. Die technologischen Neuerungen im 19. Jahrhundert, insbesondere die tief greifenden Veränderungen durch die Entwicklung der Dampfmaschine, drängten nun darauf, sämtliche Bereiche des Lebens zu verändern. So sollte nun auch die Art der Kaffeezubereitung in den Genuss der neuesten Technik kommen.

Ende des 19. Jahrhunderts wurde daher mit verschiedenen Methoden experimentiert, die Zubereitungszeit zu verkürzen. Ein Mann namens **Moriondo** entwickelte hierzu eine Apparatur, die in einem großen Kessel Wasser erhitzte und dieses dann mithilfe des entstehenden Dampfdrucks durch das Kaffeemehl presste. Dabei wurden allerdings viele Tassen auf einmal gebrüht, sodass der Kaffee mit der Zeit abstand und nicht mehr wirklich frisch war.

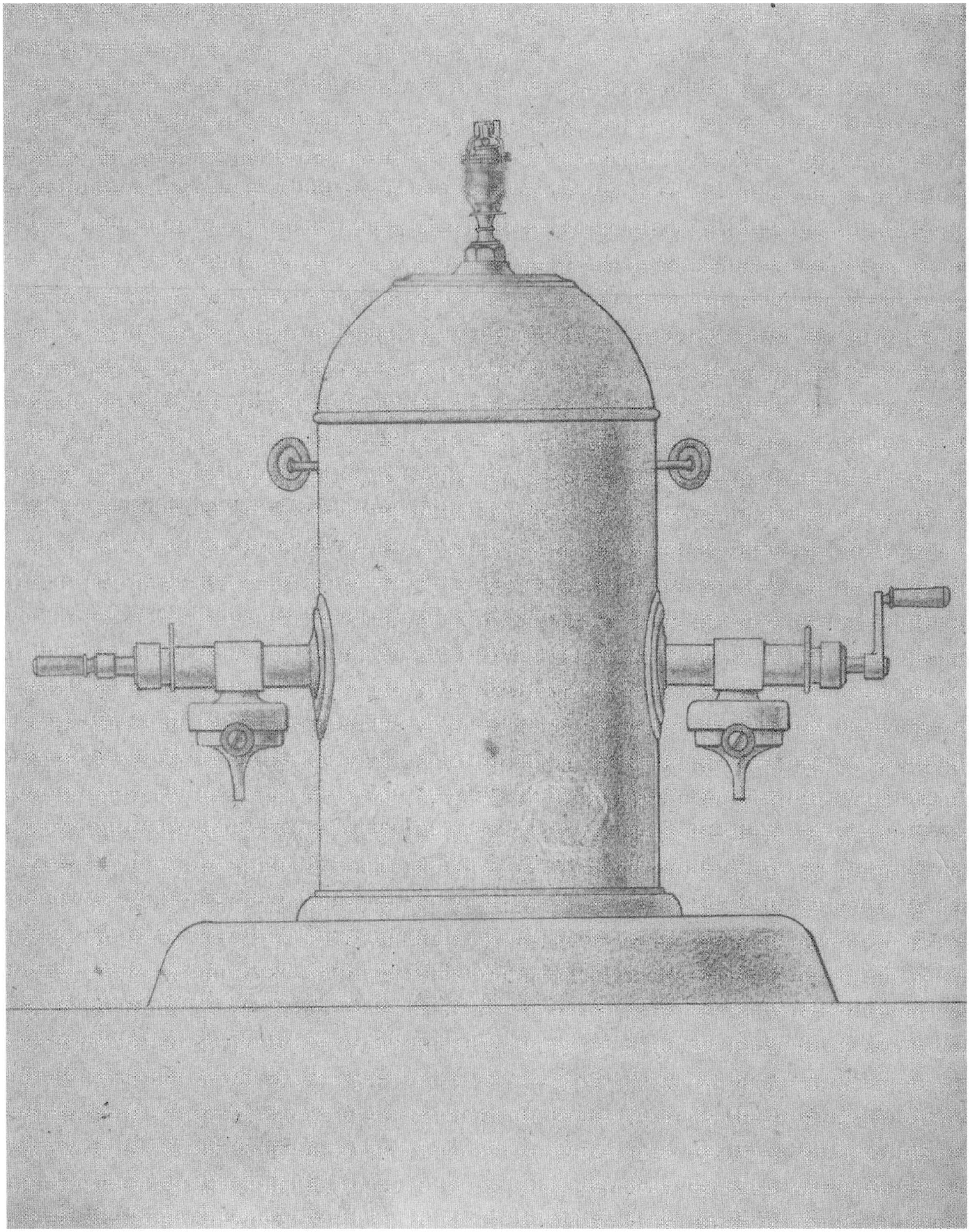

Skizze der IDEALE von DESIDERIO PAVONI

In Metropolen wie Paris und Mailand wurde zu dieser Zeit eine andere Zubereitungsart populär: Ein kleiner Filter mit Kaffeemehl wurde direkt über eine Tasse gehängt und mit heißem Wasser übergossen, auf diese Weise wurde jeder Kaffee für den einzelnen Gast frisch zubereitet. Allerdings dauerte dieser Vorgang ca. vier Minuten, sodass das Getränk zwar frisch gebrüht war, aber mittlerweile zu stark an Temperatur verloren hatte.

Ein italienischer Ingenieur namens Luigi Bezzera kam auf die Idee, auf Basis der Maschine von Moriondo ein Gerät zu entwickeln, das in der Lage war, mit heißem Wasser und Dampfdruck lediglich tassenweise Kaffee zu produzieren. Der Vorläufer der Espressomaschine war geboren.

Die IDEALE von LA PAVONI

Der BEZZERA-Messestand, 1906 in Mailand (oben) und 1929 in Lyon (unten).

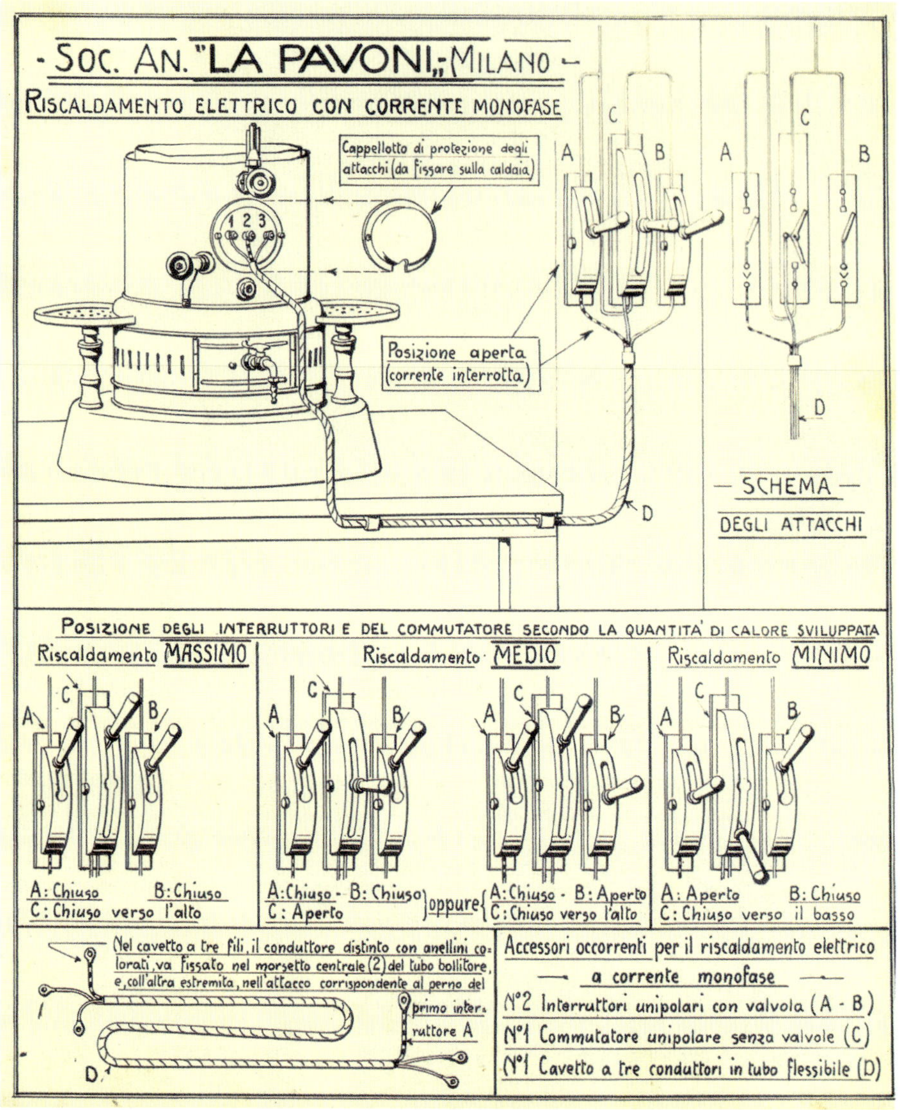


Frühe Installationsanleitung von LA PAVONI, Mailand

1901 patentierte Bezzera dieses Modell unter der Bezeichnung „Tipo Gigante" in Mailand. Es war ein imposantes säulenartiges Gerät aus Metall, dessen Grundform noch für viele folgende Modelle als Blaupause dienen sollte. Bezzera wollte mit seinem Modell jedoch nicht nur technisch, sondern auch optisch etwas völlig Neuartiges in die Kaffeehäuser bringen. Der vertikal angeordnete Dampfkessel bestimmte zwar die säulenartige Grundform der Maschine, allerdings

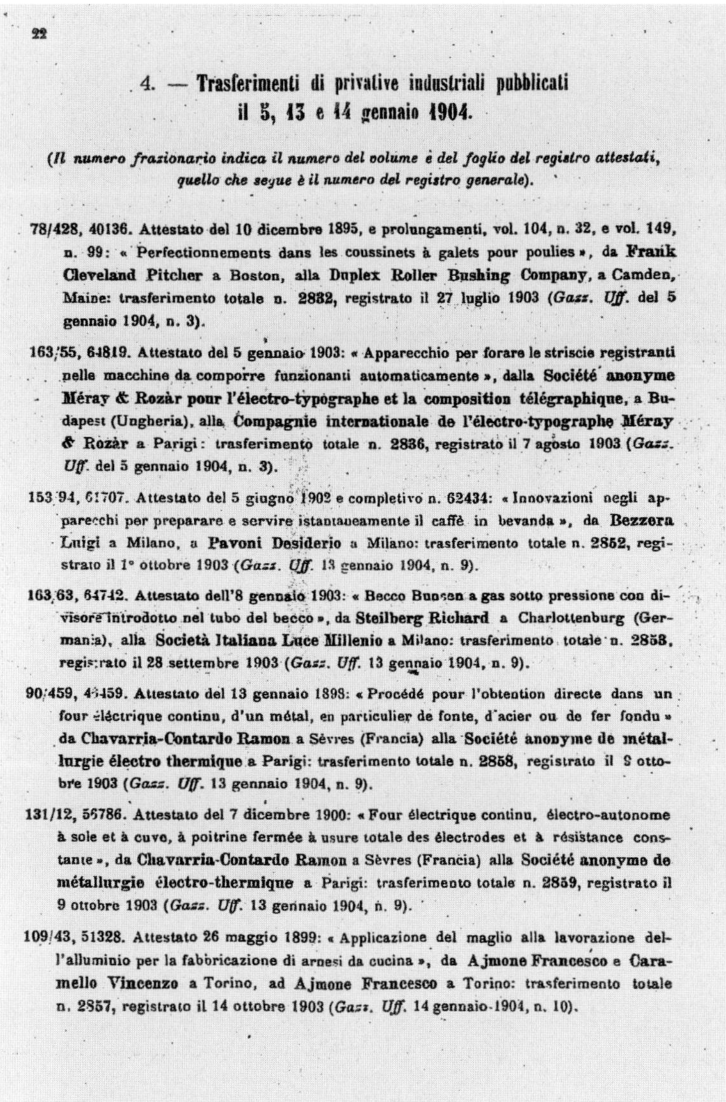

22

**4. — Trasferimenti di privative industriali pubblicati il 5, 13 e 14 gennaio 1904.**

*(Il numero frazionario indica il numero del volume e del foglio del registro attestati, quello che segue è il numero del registro generale).*

**78/428, 40136.** Attestato del 10 dicembre 1895, e prolungamenti, vol. 104, n. 32, e vol. 149, n. 99: « Perfectionnements dans les coussinets à galets pour poulies », da **Frank Cleveland Pitcher** a Boston, alla **Duplex Roller Bushing Company**, a Camden, Maine: trasferimento totale n. **2832**, registrato il 27 luglio 1903 (*Gazz. Uff.* del 5 gennaio 1904, n. 3).

**163/55, 64819.** Attestato del 5 gennaio 1903: « Apparecchio per forare le striscie registranti nelle macchine da comporre funzionanti automaticamente », dalla **Société anonyme Méray & Rozàr pour l'électro-typographe et la composition télégraphique**, a Budapest (Ungheria), alla **Compagnie internationale de l'électro-typographe Méray & Rozàr** a Parigi: trasferimento totale n. **2836**, registrato il 7 agosto 1903 (*Gazz. Uff.* del 5 gennaio 1904, n. 3).

**153/94, 61707.** Attestato del 5 giugno 1902 e completivo n. **62434**: « Innovazioni negli apparecchi per preparare e servire istantaneamente il caffè in bevanda », da **Bezzera Luigi** a Milano, a **Pavoni Desiderio** a Milano: trasferimento totale n. **2852**, registrato il 1° ottobre 1903 (*Gazz. Uff.* 13 gennaio 1904, n. 9).

**163/63, 64742.** Attestato dell'8 gennaio 1903: « Becco Bunsen a gas sotto pressione con divisore introdotto nel tubo del becco », da **Steilberg Richard** a Charlottenburg (Germania), alla **Società Italiana Luce Millenio** a Milano: trasferimento totale n. **2853**, registrato il 28 settembre 1903 (*Gazz. Uff.* 13 gennaio 1904, n. 9).

**90/459, 46459.** Attestato del 13 gennaio 1898: « Procédé pour l'obtention directe dans un four électrique continu, d'un métal, en particulier de fonte, d'acier ou de fer fondu » da **Chavarria-Contardo Ramon** a Sèvres (Francia) alla **Société anonyme de métallurgie électro thermique** a Parigi: trasferimento totale n. **2858**, registrato il 9 ottobre 1903 (*Gazz. Uff.* 13 gennaio 1904, n. 9).

**131/12, 56786.** Attestato del 7 dicembre 1900: « Four électrique continu, électro-autonome à sole et à cuve, à poitrine fermée à usure totale des électrodes et à résistance constante », da **Chavarria-Contardo Ramon** a Sèvres (Francia) alla **Société anonyme de métallurgie électro-thermique** a Parigi: trasferimento totale n. **2859**, registrato il 9 ottobre 1903 (*Gazz. Uff.* 13 gennaio 1904, n. 9).

**109/43, 51328.** Attestato 26 maggio 1899: « Applicazione del maglio alla lavorazione dell'alluminio per la fabbricazione di arnesi da cucina », da **Ajmone Francesco** e **Caramello Vincenzo** a Torino, ad **Ajmone Francesco** a Torino: trasferimento totale n. **2857**, registrato il 14 ottobre 1903 (*Gazz. Uff.* 14 gennaio 1904, n. 10).

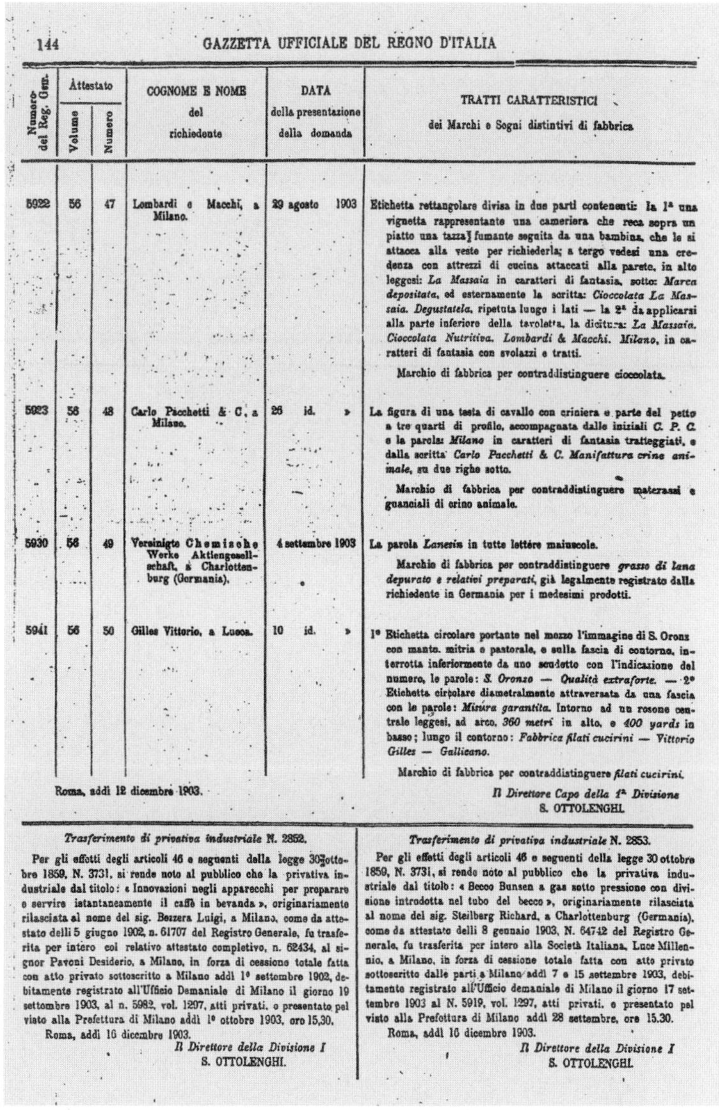

144 GAZZETTA UFFICIALE DEL REGNO D'ITALIA

| Numero del Reg. Gen. | Attestato Volume | Attestato Numero | COGNOME E NOME del richiedente | DATA della presentazione della domanda | TRATTI CARATTERISTICI dei Marchi e Segni distintivi di fabbrica |
|---|---|---|---|---|---|
| 5922 | 56 | 47 | Lombardi e Macchi, a Milano. | 29 agosto 1903 | Etichetta rettangolare divisa in due parti contenenti: la 1ª una vignetta rappresentante una cameriera che reca sopra un piatto una tazza fumante seguita da una bambina, che le si attacca alla veste per richiederla; a tergo vedesi una credenza con attrezzi di cucina attaccati alla parete, in alto leggesi: *La Massaia* in caratteri di fantasia, sotto: *Marca depositata*, ed esternamente la scritta: *Cioccolata La Massaia. Degustatela*, ripetuta lungo i lati — la 2ª da applicarsi alla parte inferiore della tavoletta, la dicitura: *La Massaia. Cioccolata Nutritiva. Lombardi & Macchi. Milano*, in caratteri di fantasia con svolazzi e tratti. Marchio di fabbrica per contraddistinguere cioccolata. |
| 5923 | 56 | 48 | Carlo Pacchetti & C., a Milano. | 26 id. » | La figura di una testa di cavallo con criniera e parte del petto a tre quarti di profilo, accompagnata dalle iniziali *C. P. C.* e la parola: *Milano* in caratteri di fantasia tratteggiati, e dalla scritta *Carlo Pacchetti & C. Manifattura crine animale*, su due righe sotto. Marchio di fabbrica per contraddistinguere materassi e guanciali di crino animale. |
| 5930 | 56 | 49 | Vereinigte Chemische Werke Aktiengesellschaft, a Charlottenburg (Germania). | 4 settembre 1903 | La parola *Lanesin* in tutte lettere maiuscole. Marchio di fabbrica per contraddistinguere *grasso di lana depurato e relativi preparati*, già legalmente registrato dalla richiedente in Germania per i medesimi prodotti. |
| 5941 | 56 | 50 | Gilles Vittorio, a Lucca. | 10 id. » | 1° Etichetta circolare portante nel mezzo l'immagine di S. Oronz con manto, mitria e pastorale, e sulla fascia di contorno, interrotta inferiormente da uno scudetto con l'indicazione del numero, le parole: *S. Oronzo — Qualità extraforte.* — 2° Etichetta circolare diametralmente attraversata da una fascia con le parole: *Misura garantita.* Intorno ad un rosone centrale leggesi, ad arco, *360 metri* in alto, e *400 yards* in basso; lungo il contorno: *Fabbrica filati cucirini — Vittorio Gilles — Gallicano.* Marchio di fabbrica per contraddistinguere *filati cucirini.* |

Roma, addì 12 dicembre 1903.

*Il Direttore Capo della 1ª Divisione*
S. OTTOLENGHI.

*Trasferimento di privativa industriale* N. 2852.

Per gli effetti degli articoli 46 e seguenti della legge 30 ottobre 1859, N. 3731, si rende noto al pubblico che la privativa industriale dal titolo: « Innovazioni negli apparecchi per preparare e servire istantaneamente il caffè in bevanda », originariamente rilasciata al nome del sig. Bezzera Luigi, a Milano, come da attestato delli 5 giugno 1902, n. 61707 del Registro Generale, fu trasferita per intero col relativo attestato completivo, n. 62434, al signor Pavoni Desiderio, a Milano, in forza di cessione totale fatta con atto privato sottoscritto a Milano addì 1° settembre 1902, debitamente registrato all'Ufficio Demaniale di Milano il giorno 19 settembre 1903, al n. 5982, vol. 1297, atti privati, e presentato pel visto alla Prefettura di Milano addì 1° ottobre 1903, ore 15,30.

Roma, addì 16 dicembre 1903.

*Il Direttore della Divisione I*
S. OTTOLENGHI.

*Trasferimento di privativa industriale* N. 2853.

Per gli effetti degli articoli 46 e seguenti della legge 30 ottobre 1859, N. 3731, si rende noto al pubblico che la privativa industriale dal titolo: « Becco Bunsen a gas sotto pressione con divisione introdotta nel tubo del becco », originariamente rilasciata al nome del sig. Steilberg Richard, a Charlottenburg (Germania), come da attestato delli 8 gennaio 1903, N. 64742 del Registro Generale, fu trasferita per intero alla Società Italiana, Luce Millennio, a Milano, in forza di cessione totale fatta con atto privato sottoscritto dalle parti a Milano addì 7 e 15 settembre 1903, debitamente registrato all'Ufficio demaniale di Milano il giorno 17 settembre 1903 al N. 5919, vol. 1297, atti privati, e presentato pel visto alla Prefettura di Milano addì 28 settembre, ore 15.30.

Roma, addì 16 dicembre 1903.

*Il Direttore della Divisione I*
S. OTTOLENGHI.

Übertragung des Patents von BEZZERA an PAVONI

sollte eine imposante Verkleidung aus Messing und Kupfer ebenso die Aufmerksamkeit erregen und neue Kunden anlocken. Desiderio Pavoni erwarb 1904 das Patent seines Freundes und brachte das Modell „Ideale“ heraus. Der große Erfolg dieser Maschine, die kontinuierlich weiter entwickelt wurde, brachte neue Produzenten hervor.

Die IDEALE von DESIDERIO PAVONI

VICTORIA ARDUINO

Als einer der ersten wäre die Firma Victoria Arduino zu nennen. Der entscheidende Nachteil dieser Technik war jedoch, dass der damit zubereitete Kaffee aufgrund der viel zu hohen Temperatur verbrannt schmeckte. Übersteigt die Wassertemperatur den Siedepunkt, also 100 °C, verbrennen die ätherischen Öle, und es lösen sich unerwünschte Stoffe: Der Kaffee schmeckt bitter.

Die optimale Wassertemperatur, bei der sich die Aromastoffe voll entfalten können, liegt bei ca. 90 bis 96 °C. In den Jahren von 1920 bis 1940 experimentierten italienische Ingenieure mit verschiedenen Methoden, dieses Problem zu lösen, zahlreiche Firmen wurden gegründet, darunter auch La San Marco, La Marzocco, Universal und weitere. Francesco Illy entwickelte 1934 die erste Maschine mit automatischer Wasserdosierung und Druckaufbau durch Druckluft mit Namen „Illetta“. Allerdings konnte sich diese Maschine aufgrund des hohen Preises nicht durchsetzen.

Die erste brauchbare Maschine für den Massenmarkt, die das Überhitzungsproblem reduzierte, wurde 1938 von Cremonesi entwickelt und von Achille Gaggia ab 1946 gebaut. Der Druck wurde dabei mechanisch erzeugt, und zwar durch eine große Stahlfeder.

GAGGIA

GAGGIA-Spannfederkolbenmaschine

Diese sogenannten Spannfederkolbenmaschinen funktionieren nach folgendem Prinzip: Das heiße Wasser wird in die Kammer des Kompressionszylinders geführt, in dem sich eine starke Stahlfeder befindet. Durch einen Hebel wird diese Feder gespannt, die sich wiederum langsam entspannt und das Wasser mit einem kontinuierlichen Druck von ca. 10 Bar durch das Kaffeemehl presst. Durch den mechanischen Druckaufbau war es nun nicht mehr nötig, durch zu starkes Erhitzen des Wassers einen höheren Druck zu erzeugen. Das Volumen des Kompressionszylinders musste allerdings begrenzt werden, da ansonsten die Kraft, die man benötigte, um eine normale Kaffeetasse zuzubereiten, zu groß gewesen wäre. Dies erklärt die kleine Tassengröße und das kleine Volumen eines Espresso.

LA SAN MARCO „LOLLOBRIGIDA“

FAEMA „PRESIDENT"

Durch die Verwendung mehrerer Brühgruppen dieser Art konnte eine zu starke Erwärmung einer Gruppe verhindert werden, indem man einfach die nächste Gruppe benutzte. Der mithilfe solcher Maschinen erzeugte Kaffee fand der Legende nach anfangs allerdings nicht besonders großen Zuspruch, die ersten Herrschaften wunderten sich über den ungewohnten Schaum auf ihrem Getränk.

FAEMA-Spannfederkolbenmaschine

REKORD „CREMA CAFFÈ“

Gaggia erfand daraufhin als Marketingstrategie den Begriff „caffè crema“, um den Schaum als etwas Besonderes herauszustellen. Der Siegeszug der Spannfederkolbenmaschinen war jedoch nicht aufzuhalten, sodass nach einiger Zeit auch für den „schaumigen“ Caffè das Wort Espresso wieder verwendet wurde. Erst 1961 sollte eine neue Technik die Art der Espressozubereitung in italienischen Bars revolutionieren und bis heute nachhaltig beeinflussen. Ermöglicht durch die Entwicklung elektrischer Pumpen, nutzte die Firma Faema einen sogenannten Wärmetauscher, um kaltes Wasser durch den Kessel zu führen und es so auf die gewünschte Brühtemperatur zu bringen.

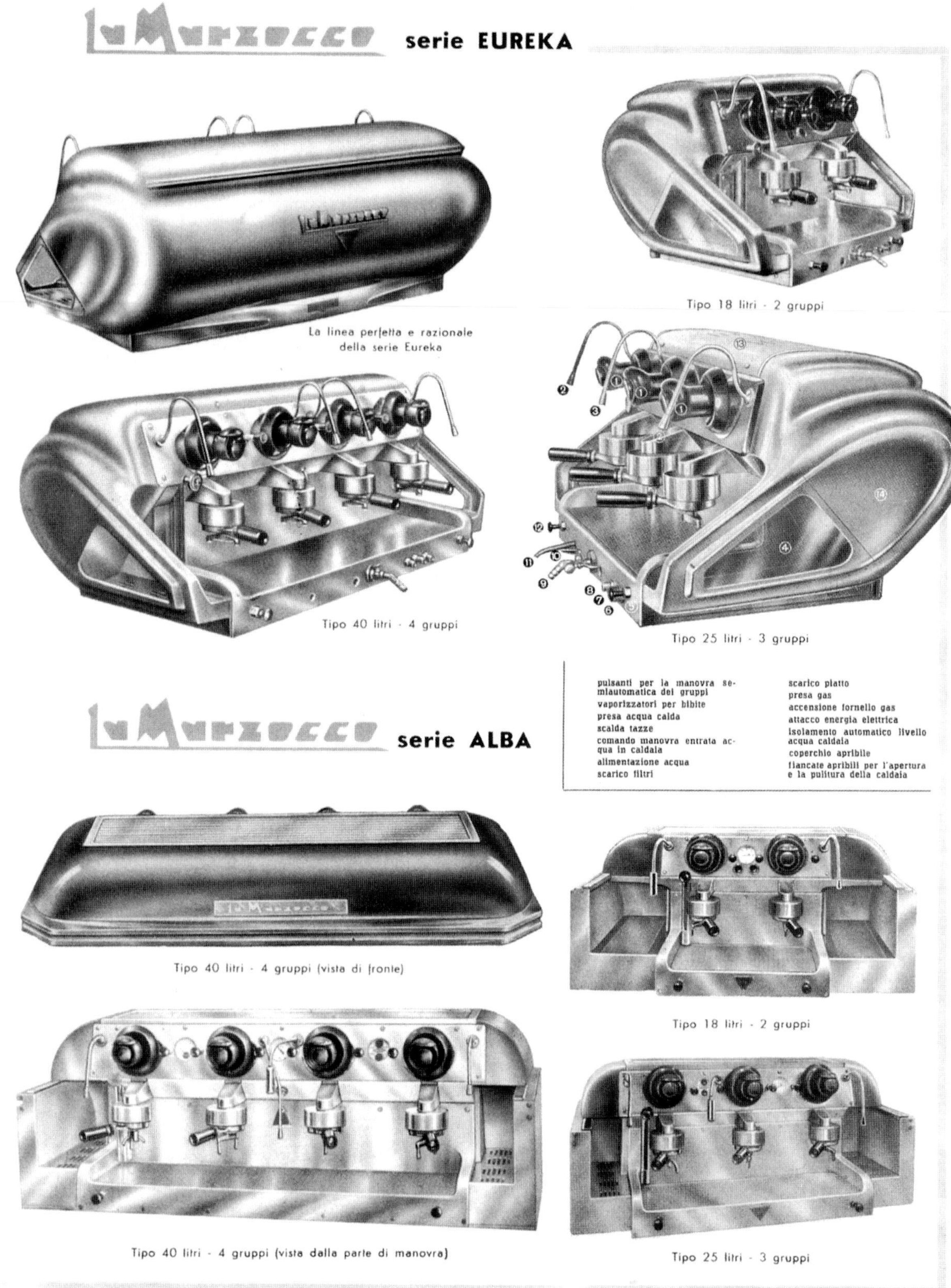


LA MARZOCCO-Werbeprospekt der Modelle „EUREKA" und „ALBA"

FAEMA E61, dreigruppige Ausführung

Da die Brühgruppe nun aber nicht mehr die Funktion der Temperaturreduzierung übernehmen musste, bestand die Notwendigkeit, sie auch auf Brühtemperatur zu beheizen. Faema benutzte dafür einen separaten Wasserkreislauf, der heißes Wasser aus dem Kessel durch die massive Brühgruppe zirkulieren lässt und diese so auf Temperatur hält. Andere Hersteller versuchten, die Brühgruppe durch einen engen Kontakt zum Kessel auf Temperatur zu halten. Doch auch dieses Prinzip ist nicht ohne Tücken: Wird für einige Zeit kein Espresso aus der Brühgruppe bezogen, erhitzt sich das Wasser, das sich noch im Wärmetauscher befindet, ebenfalls zu stark.

Dann ist es wichtig, dass dieses Wasser zunächst aus der Brühgruppe abgegeben wird, bevor der Siebträger mit dem Kaffeemehl eingespannt und der Espresso zubereitet wird. Verschiedene Hersteller haben bis heute immer wieder versucht, dieses Phänomen in den Griff zu bekommen. Die Firma La Cimbali führt beispielsweise in einem zusätzlichen Kreislauf kaltes Wasser um die Leitung, durch die das Wasser aus dem Wärmetauscher zur Brühgruppe läuft, um die Temperatur zu verringern. Da nun die Tassenfüllmenge nicht mehr durch das Volumen des Kolbens begrenzt wird, drängt sich die Frage auf, warum die Tassen nicht wieder größer wurden. Doch in der Zwischenzeit hatte sich der Espresso als eigenständiges Getränk in der „kurzen“ Form etabliert und wurde weiterhin so zubereitet.

FAEMA E61 im BAZZAR CAFFÈ

FAEMA E61 im BAZZAR CAFFÈ

Die einzige Neuerung durch die elektrischen Pumpen war die Möglichkeit, einen doppelten Espresso zuzubereiten, den Doppio. Für den Haushaltsbereich wurden zu dieser Zeit ausschließlich Handhebelmaschinen produziert, da die gastronomisch verwendeten Rotationspumpen zu groß waren. Erst 1970 entwickelte ein Unternehmen namens Ulka die erste elektrische Pumpe, die klein und günstig genug war, um in Haushaltsmaschinen Verwendung zu finden. Die sogenannte Vibrationspumpe wird bis heute in den meisten Haushaltsmaschinen verbaut. So konnte eine hochwertige und gleichbleibende Espressoqualität nun auch von kleinen und kompakten Maschinen produziert werden.

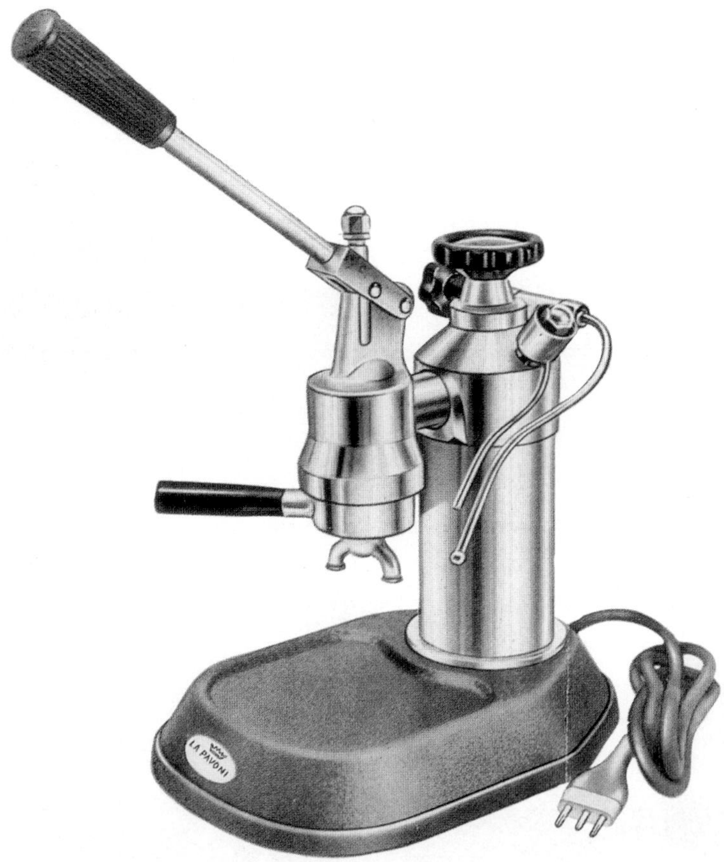


LA PAVONI „EUROPICCOLA", 1961

la PAVONI
la PAVONI
PAVONI
278162 • MI

la PAVONI
la PAVONI
la PAVONI
macchine per caffè

1495
MARCIA

serie CONCORSO
la PAVONI

LA PAVONI
S.A. LA PAVONI
MILANO

# BELLA MACCHINA

Das Design der frühen Espressomaschinen war noch stark geprägt vom technischen Aufbau und ihrem Funktionsprinzip: Der große vertikale Boiler gestattete es, im oberen Bereich ausreichend Platz für Dampf zur Verfügung zu stellen, der ja für den Druckaufbau verantwortlich war. So roh und schmucklos anfangs zum Beispiel die „Ideale" war, wurde sie doch schnell durch damals moderne Art-déco-Elemente verziert und so zu einem zentralen Blickfänger in der Bar. In den Zwanzigerjahren des letzten Jahrhunderts entstanden immer mehr Firmen, die auf der Grundlage ähnlicher Technik durch auffälliges und aufwendiges Design ihre Produkte auf dem schnell wachsenden Markt abheben mussten. Der Zweite Weltkrieg zwang viele Unternehmen zum Stillstand, nur um in den Folgejahren umso produktiver zu werden. Aus Amerika wurde das Streamlining importiert, immer mehr Modelle übernahmen die Formensprache der damals populären Automobile. Diese Ära der aufwendig produzierten Modelle wich zunehmend jedoch einem einheitlicheren Design, das großproduktionstauglich genug war. Nachfolgend eine Zeitreise durch über 100 Jahre italienische Maschinenbau- und Designkunst.

LA PAVONI „IDEALE“, 1906

LA PAVONI „IDEALE GIGANTE LUSSO“, 1930

IDEALE von LA PAVONI, 1905-1929

LA PAVONI „GIGANTE"
*50-l-Kessel*

LA PAVONI „NORMALE"
*40-l-Kessel*

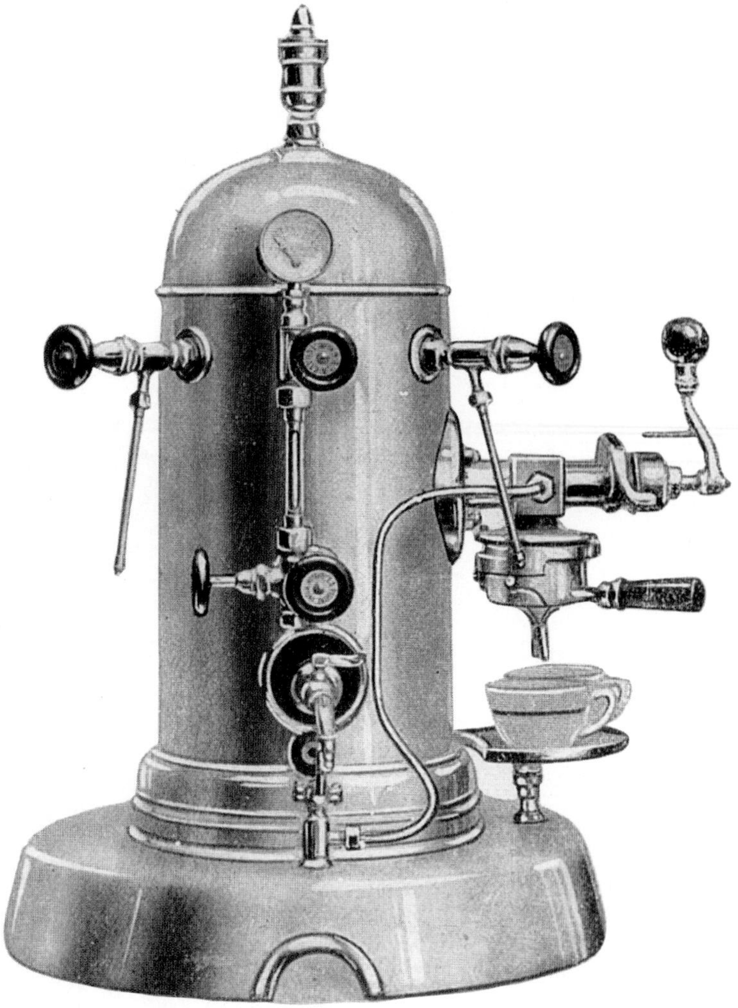

LA PAVONI „LILLIPUT“
*12-l-Kessel*

LA PAVONI „MIGNON“
*25-l-Kessel*

LA MARZOCCO, 1930

LA MARZOCCO, 1934

ISTANTANEA von LA PAVONI, ab 1936

LA PAVONI „GIGANTE"
*50-l-Kessel*

LA PAVONI „NORMALE"
*40-l-Kessel*

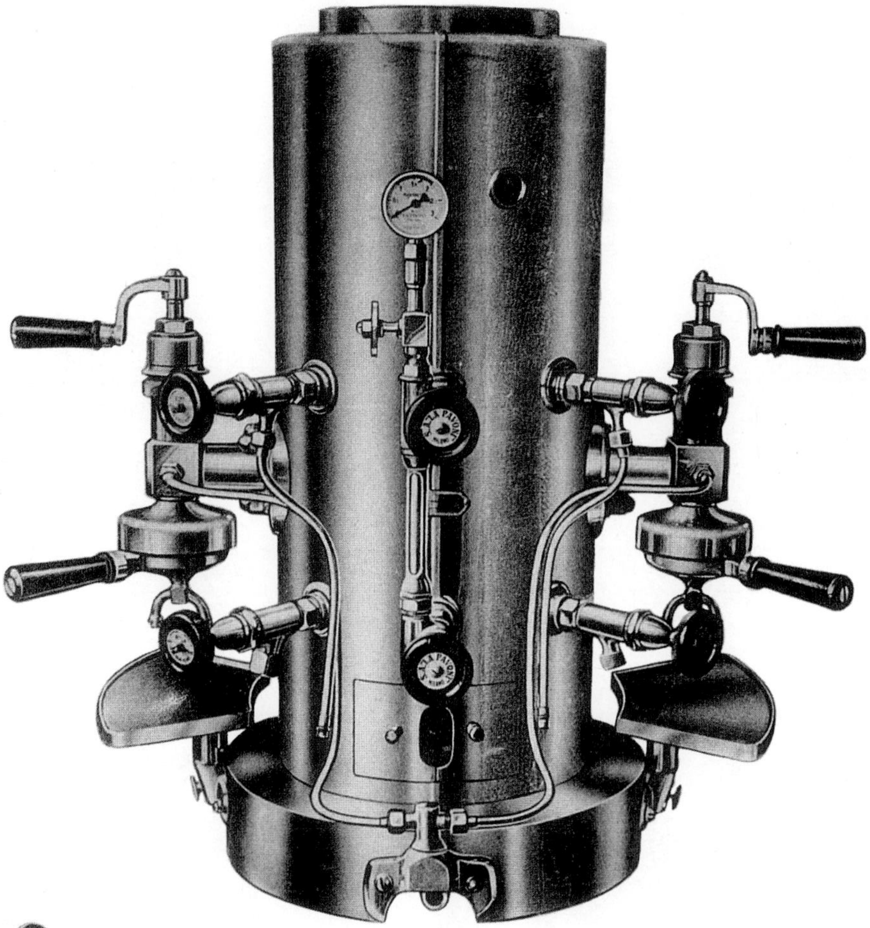

LA PAVONI „LILLIPUT"
*12-l-Kessel*

LA PAVONI „MIGNON"
*25-l-Kessel*

GAGGIA „MILANO", 1938
*Sammlung Bazzar Caffè*

GAGGIA

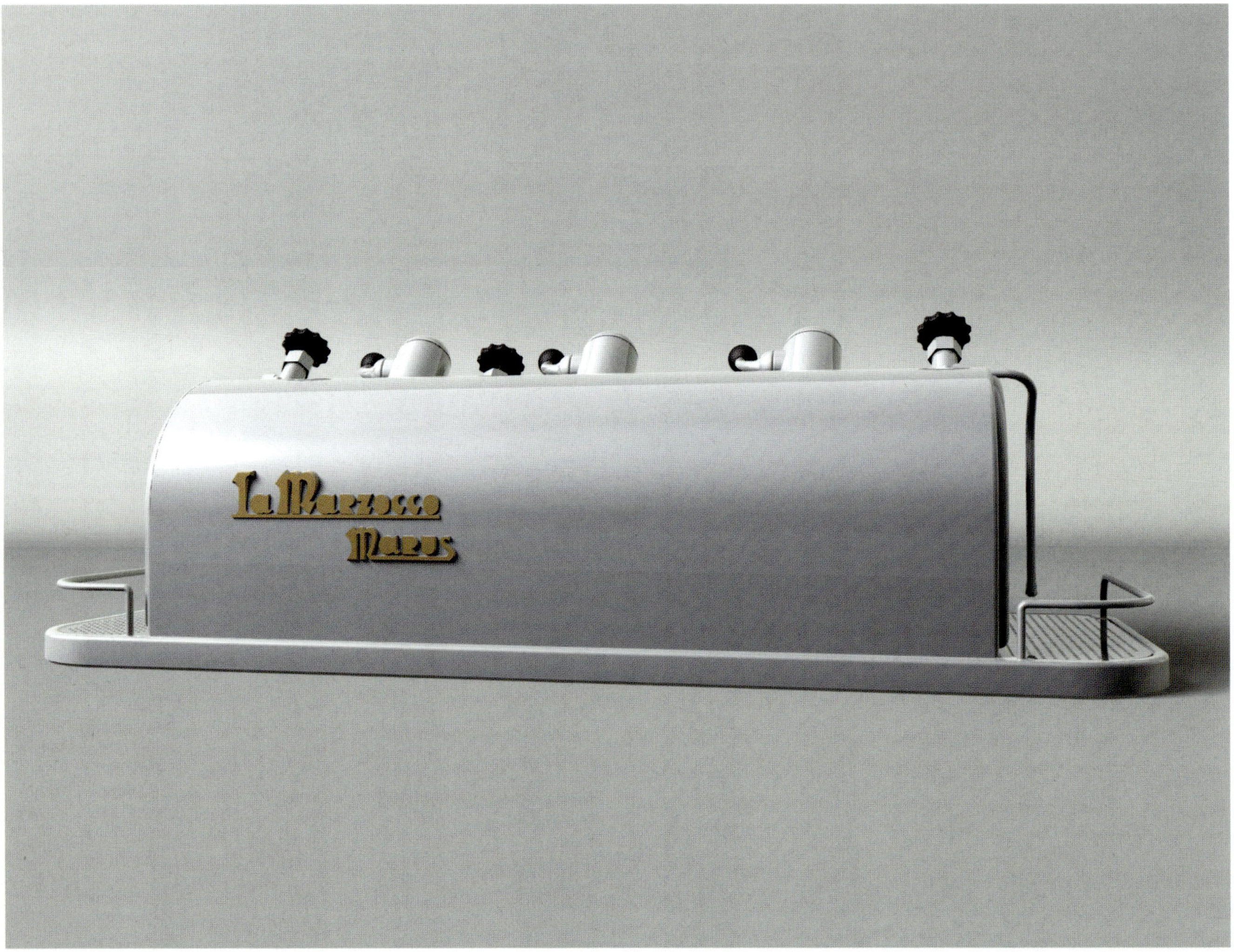


LA MARZOCCO „MARUS“, 1939, Rückseite

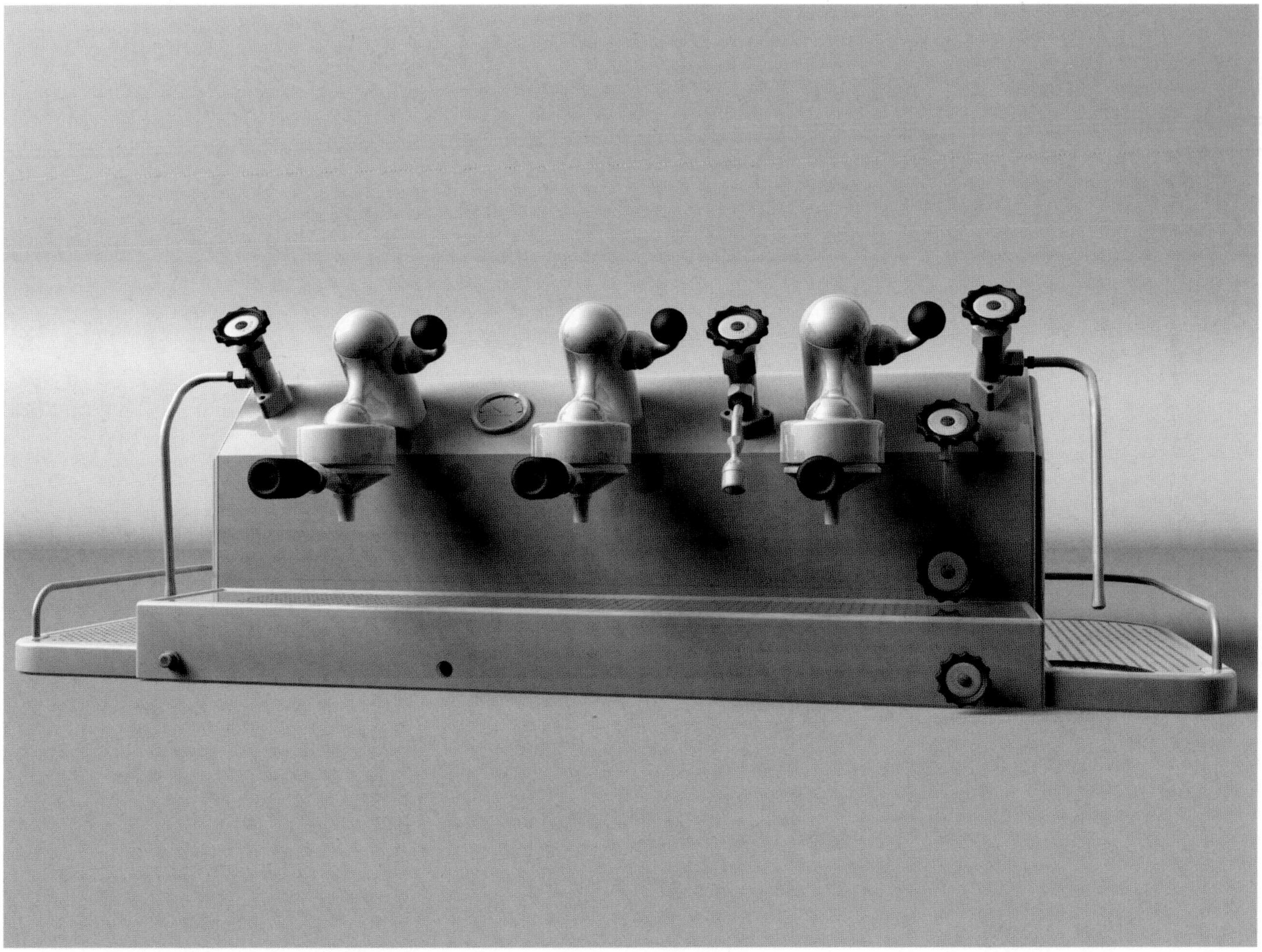

LA MARZOCCO „MARUS“, 1939, Vorderseite

**RENEKA**, Frankreich
*Sammlung Bazzar Caffè*

RENEKA, Frankreich
*Sammlung Bazzar Caffè*

GAGGIA
MILANO

GAGGIA „AMERICA“
*Sammlung Bazzar Caffè*

LA MARZOCCO „CARELLO ALFA", 1950

LA MARZOCCO „GRUPPO MULTIPLO", 1954

LA MARZOCCO „NATIONAL", 1951

UNIVERSAL *Stoßstange und lackiertes Gehäuse erinnern an die Traumautos der Fünfziger.*

LA MARZOCCO „MONDIAL 2“, 1951

LA MARZOCCO „AURUM", 1954

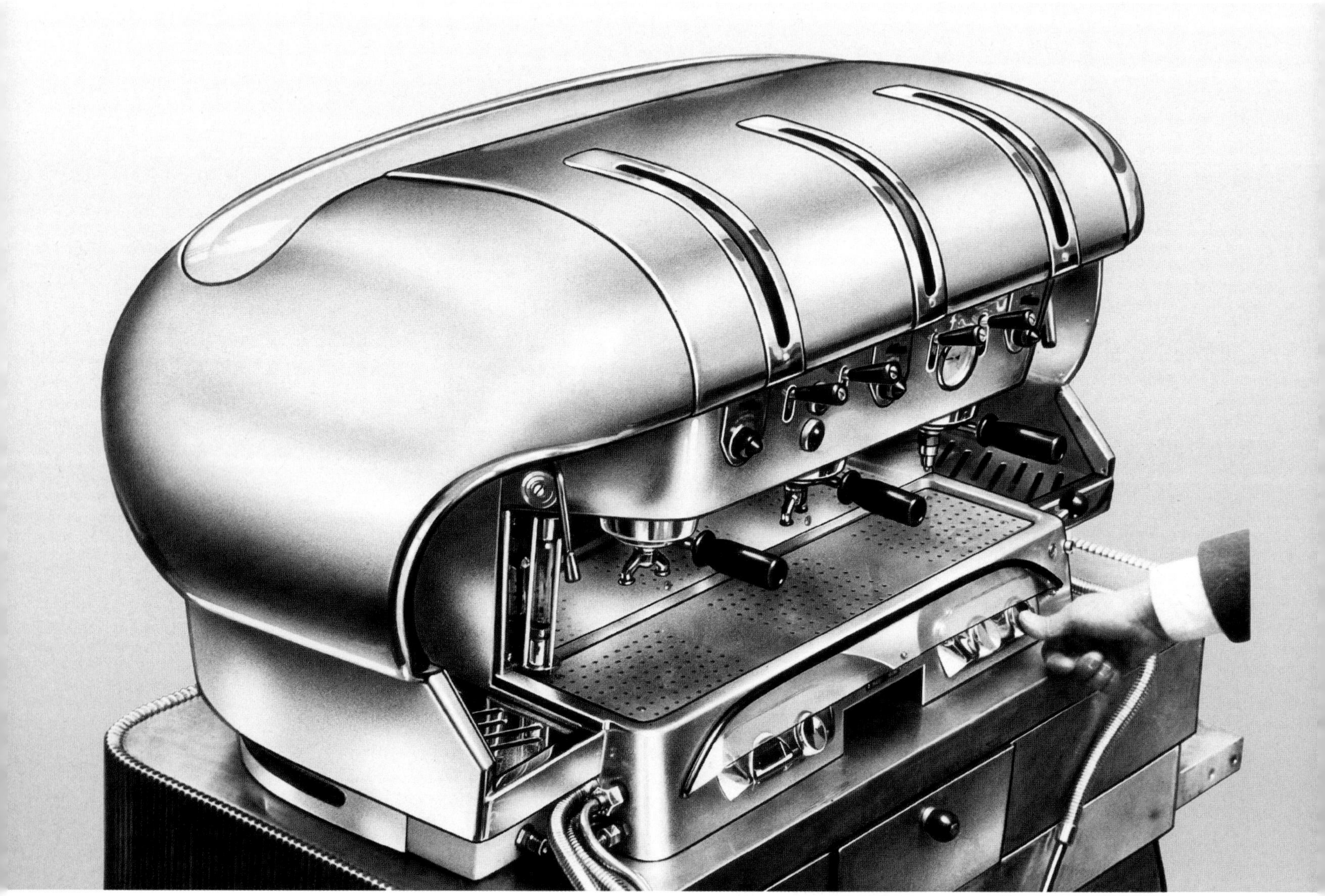

LA MARZOCCO „DISCO VOLANTE", 1954

**FAEMA „PRESIDENT"**
*Sammlung Bazzar Caffè*

**LA DORIO**
*Sammlung Bazzar Caffè*

LA SAN MARCO "LOLLOBRIGIDA"
*Sammlung Bazzar Caffè*

ALFA
*Sammlung Bazzar Caffè*
*Spannfederkolbenmaschine im „Casino"-Design: der Hebel wird wie ein „Einarmiger Bandit" bedient.*

**LA MARZOCCO**
*Spektakuläre 6-gruppige Gastromaschine*

LA PAVONI „Concorso", Designstudie
*Sammlung Bazzar Caffè*

la PAVONI

La Marzocco „GS3"
*Kompakte eingruppige Doppelboilermaschine mit zwei Edelstahlkesseln und elektronischer PID-Steuerung*

LA MARZOCCO
LA MARZOCCO
MODE
ENTER
ON/OFF

# ESPRESSO-SPEZIALITÄTEN

Espresso bildet die Grundlage für zahlreiche Varianten. Einige der populärsten sollen auch in diesem Buch nicht unerwähnt bleiben.

## Ristretto

Der Ristretto ist ein extra kräftiger, verkürzter Espresso. Er wird mit etwas höherer Dosierung und kräftigerem Anpressdruck zubereitet, allerdings mit der gleichen Durchlaufzeit wie ein normaler Espresso. Die Füllmenge beträgt daher nur ca. 10 bis 15 ml.

## Lungo

Der Kenner wird es bemerkt haben: Der links abgebildete Espresso ist eigentlich ein Lungo, also ein etwas verlängerter, nicht allzu kräftiger Espresso.

## Corretto

In Italien wird gern auch ein Spritzer Alkohol in den Espresso gegeben und dieser dadurch „korrigiert“. Dabei kann es sich beispielsweise um Amaretto, Grappa oder Brandy handeln.

## Doppio

Der auf der linken Seite abgebildete Doppio ist ein doppelter Espresso mit der doppelten Kaffee- und Wassermenge. Er wird in einer Cappuccinotasse serviert.

## Macchiato

„Macchiato“ bedeutet so viel wie „befleckt“ und beschreibt einen Espresso, dem eine kleine Milchschaumhaube aufgesetzt wird – demnach ein mit Milchschaum befleckter Espresso.

## Cappuccino

Für einen Cappuccino wird ein Espresso in einer Cappuccinotasse zubereitet und mit aufgeschäumter Milch aufgefüllt. Es gibt traditionell sowohl die etwas schaumigere als auch die cremige Variante, deren Zubereitung im Kapitel „Latte Art“ beschrieben ist. Kakaopulver als Verzierung ist reine Geschmackssache und gehört eigentlich nicht zur traditionellen Zubereitung.

## Caffè Latte

Ein Caffè Latte wird in einer etwas größeren Milchkaffeetasse zubereitet und besteht ebenfalls auf der Grundlage eines Espresso. Im Vergleich zum Cappuccino wird lediglich die Milchmenge erhöht, wodurch sich ein milderer Geschmack ergibt.

# Latte Macchiato

„Latte macchiato" ist die „befleckte Milch", was treffend das Verhältnis von Espresso zu Milch ausdrückt. Der mehrschichtige Aufbau kommt in einem hohen Glas voll zur Geltung und wird durch den Temperatur- und Dichteunterschied der Milch und des Espresso erreicht. Zunächst sollte die heiße Milch in das Glas gefüllt werden, sodass sie etwas an Temperatur verlieren und der Schaum sich absetzen kann. Erst dann wird der Espresso zubereitet und langsam in das Glas gegossen, am besten mithilfe eines kleinen Porzellankännchens mit Ausguss. Abschließend wird noch mit etwas Milchschaum aufgefüllt.

## Symbole



## A



## B



## C

## D



## E



## F



## G

## H



## I



## K



## L